추천사

<여정 시즌 2. 예수님>의 추천사는 여정을 수료하고 리더로 활동하고 있는 여성들의 남편분들께서 보내주셨습니다.

우리 교회는 <여정 시즌 2. 예수님>이 책으로 세상에 빛을 보기 전, 이미 수차례에 걸쳐 여성 성경공부 모임에서 이 내용을 심도 있게 다루고 나누었습니다. 이 책은 조직신학에서 흔히 말하는 기독론의 핵심, '그리스도의 낮아지심과 비하'를 다루고 있지만, 딱딱한 상아탑 속의 이야기가 아닙니다.

이 책만의 독특한 장점이 있다면, 성경의 각 장면으로 인도될 때 나도 동일한 자리에 서서 예수님의 눈빛을 마주하고 그분의 음성을 듣는 시간으로 채워지는 것입니다. 그 순간 더 이상 성경의 이야기는 2차원의 글이 아니라 3차원의 세계로 나를 인도하여, 혈루병 걸린 여인이자 나환자로 치환되어 예수님을 대면하도록 이끌어 주었습니다. 8주 동안 소그룹을 통해 나눈 이야기 속에서 우리는 "내 딸아!"라고 부르시며 우리를 회복하시는 주님을 만났습니다.

지금까지 여타의 성경공부가 가르치는 자와 듣는 자로 뚜렷이 나뉜 것에 반해, '여정' 그룹은 성경의 현장 속으로 우리를 이끌어 함

여정

Season 2. 예수님

이영일 지음 • 여정리더팀 공동연구

Dear Deer

* 성경 분문은 개역한글판을 사용했습니다.

께 울고 웃으며 감격할 수 있도록 해 주었습니다. 〈여정 시즌 2. 예수님〉이 단지 여성들의 모임뿐만 아니라, 더 다양한 연령과 계층을 아우르는 성경공부 교재로 자리 잡아 그리스도의 참 회복을 누리게 하는 도구로 쓰임 받길 간절히 소망합니다.

— 깊고넓은교회 성민규 목사

'여정' 성경공부로의 초대는 그 단어가 갖는 설렘만큼이나 저와 아내에게도 소중하고 뜻깊은 시간이었습니다. '여정' 모임이 끝나면 늦은 밤임에도, 아내는 마치 예수님을 만난 우물가의 여인처럼 그날 받은 기쁨과 은혜를 나누고 싶어 상기된 표정과 초롱초롱한 눈빛으로 달려와 저를 쳐다보곤 했었습니다. 저 또한 이 여정을 통해 하나님의 말씀이 얼마나 생생하게 살아 역사하는지를 느끼게 되었습니다.

'여정'을 통해 아내는 개인의 신앙 성장을 넘어 저와 가족, 주변인들에게 선한 영향력을 전파하기 시작했습니다. 단순한 지식의 채

움이나 내면의 성찰을 넘어 하나님의 속성과 예수님의 성품을 실제적인 삶에서 녹여 내려는 모습을 보여주었습니다. 이러한 아내의 모습은 저에게도 예수님을 더 깊이 알고 따르고 싶은 동기를 불러일으켰습니다.

신앙과 삶의 간극이 좁혀지지 않아 고민하는 분, 예수님과 마주하기 직전 늘 그 문턱을 넘지 못하고 좌절했던 분이라면, 잠시 분주함을 내려놓고 본 '여정'에 동참하시기를 적극 추천합니다. 오직 예수님께만 집중하며 진정한 쉼을 얻는 시간이 될 것입니다. 좋은 책을 집필해 주신 이연임 박사님께 진심으로 감사드립니다.

— 숭의교회 윤성원 목사

이 시대를 살아가는 많은 여성은 타인의 관계 속에서 자신을 정의하며 살아갑니다. 누군가의 어머니로, 아내로, 혹은 교회에서의 직분자로서만 자신을 바라보며 본연의 정체성을 잃어버린 채 살아가고 있습니다.

〈여정 시즌 2. 예수님〉은 그런 우리에게 잊고 있던 가장 본질적인 정체성, 바로 '하나님의 딸'이라는 영광스러운 부르심을 다시 일깨워 줍니다. 특히 각 장 마지막의 Abby's Letter는 마치 사도 바울이 초대교회 성도들에게 보냈던 애정 어린 서신처럼 독자 한 분한 분을 향한 깊은 이해와 사랑을 담고 있습니다.

제 아내는 여정 모임을 통해 자신의 참된 정체성을 재발견했습니다. 더 이상 타인과의 관계 속에서 정의되는 것이 아닌, 하나님과의 관계 속에서 자신의 존재 가치를 발견하게 된 것입니다. 그 변화의 여정을 곁에서 지켜보며, 이 책이 얼마나 귀한 영적 안내서인지 깊이 공감하게 되었습니다.

만약 당신이 지금 하나님 앞에서 누구인지 확신이 없다면, 이 책을 통해 새로운 여정을 시작하시기를 권합니다. 말씀을 통해 비치는 진정한 당신의 모습, 하나님께서 창조하시고 사랑하시는 존재 그대로의 당신을 발견하게 될 것입니다. 〈여정 시즌 2. 예수님〉은 단순한 책이 아닌, 하나님의 자녀로서의 정체성을 회복하는 거룩한 여정이 될 것입니다.

— 라이트하우스 고덕숲교회 이광원 목사

〈여정 시즌 2. 예수님〉의 강점은 우리에게 가장 좋은 본이 되신 예수님을 함께 자세히 살펴보며 그분을 닮고자 하는 사람들에게 실제적인 도움을 제공하는 데 있습니다.

육체를 입으신 예수님께서 우리의 배고픔을 공감하시며 시험을 이겨내시고, 따뜻함이 느껴지는 손길로 나병환자를 만지시며 친절하고 능력 있는 말씀으로 치유하십니다. "딸아" 부르시며 혈루병 앓던 여인을 고쳐 주십니다. 그리고 예수님은 십자가에서 고통당하고 죽으신 뒤 부활하셔서 제자들을 만나십니다.

이 책은 적절한 성구의 인용과 잘 준비된 설명, 이어지는 질문과 Abby의 편지로 상황을 입체적으로 묘사합니다. 그리고 마치 현장의 사방에 함께 둘러서서 그 자리에 계신 주 예수님의 가르치시는 모습을 직접 우리 눈과 귀로 보고 듣는 것처럼 느끼게 합니다. 그분의 생생한 가르침을 받고 싶은 분들에게 〈여정 시즌 2. 예수님〉을 추천합니다.

— 달성교회 감기탁 목사

제자가 된다는 것은 그리스도와 친밀한 연합을 이루어 날마다 그분과 살아가며 닮아가는 것입니다. 예수께서 이 세상에 계실 때 그분의 제자가 되는 것은 단순한 일이었습니다. "우리가 모든 것을 버리고 주를 좇았나이다"(막10:28)의 고백처럼 예수님을 졸졸 따라다니며 그분 곁에서 관찰하며 배우고 모방하면서 제자가 되어갔습니다. 그렇기에 현대 사회에서는 제자가 된다는 것이 더 어렵습니다. 예수님께서 지금 내 눈에 보이지 않을뿐더러 현대 사회는 너무나 복잡해 버려야 할 것이 너무 많기 때문입니다. 아니 무엇을 버려야 할지 붙잡아야 할지도 모르겠는 것투성이입니다.

저자는 매 챕터마다 중요한 질문을 던집니다. '예수님은 어떻게 하셨을까? 그것이 나의 삶의 자리에는 어떤 상관이 있을 것인가? 여러분의 자리에서 어떻게 하고 있는가?'를 묻게 될 것입니다. 이를 통해 예수님을 좇던 제자들처럼 우리도 예수님의 제자가 되어서 현실에 제자의 모습을 반영하고자 노력하게 될 것입니다. 이것은 이미 역사 속에서 약속하시고 실행하셨던 하나님의 말씀과 우리의 삶을 비교하는 영점조정의 시간입니다.

선교사로 10년을 살아가며 사역을 일로만 여기며 살아가던 우리 부부에게 여정 성경공부는 마음에 잔잔하지만 큰 울림을 주었습니다. 그분의 마음을 깊이 생각하게 하고 제 삶과 사역에 예수님이 동행하고 계심을 일깨워 준 여정 성경공부와 〈여정 시즌 2. 예수님〉이 여러분의 삶에도 변화를 일으키기를 기대합니다.

— 카자흐스탄 조중수 선교사

들어가는 글

여정 시즌 2를 시작하게 한 질문

여정 시즌 1 성경공부가 거의 끝나갈 때쯤, 제 안에 몇 가지 질문
이 올라왔습니다. 하나님을 더 깊이 알게 된 것이 오늘 내 삶과 어
떤 연관이 있을까? 내 삶은 여전히 치열하고 때로는 방향을 잃고
흔들리곤 하는데, 아버지에 대해 깊어진 이해가 내 현실에 어떤
의미를 지니는 걸까? 하나님을 더 알게 되었으니, 이제 나는 이전
과는 다르게 살아갈 수 있을까? 어떻게든 일상에서 말씀을 살아
내고 싶은 마음에 이 질문들과 끈질기게 씨름했습니다.

이렇게 하나님을 아는 것과 오늘의 현실을 연결하고 싶은 마음
을 키워가던 중, 문득 대학 시절 한 친구와 나눴던 대화가 떠올
랐습니다. 그 친구는 독특한 팔찌를 차고 다녔는데, 팔찌에는
'W.W.J.D.'라고 적혀 있었습니다. 당시 하나님을 알지 못했던 저
는 그 글자의 의미를 몰라 친구에게 물어보았고, 친구는 "What
would Jesus do?"라고 설명해 주었습니다. "예수님이라면 어떻
게 하실까?"라는 질문을 품고 매일 마주하는 여러 상황 속에서 그
리스도인답게 살기 위해 그 팔찌를 하고 다닌다고 했습니다.

이 대화를 떠올린 후, "What would Jesus do?"라는 질문에 한참

을 머물렀습니다. 그러다 '우리는 "What would God do?"라고 질문하진 않는구나' 하는 생각이 들었습니다. 왜 그럴까요? 왜 우리는 '하나님의 뜻은 무엇인가요?'라고는 자주 묻지만, '하나님이라면 (이 상황에서) 어떻게 하실까?'라고는 잘 묻지 않을까요?

시즌 1에서 함께 공부했던 하나님의 속성을 되짚어보면 그 이유를 짐작할 수 있습니다. 하나님의 초월적 속성을 생각하면, '하나님이라면 이 상황에서 어떻게 하시겠어요?'라고 묻는 것이 왠지 어색하게 느껴지기 때문입니다. 반면 예수님은 사람으로 이 땅에 오셨던 분이십니다. 예수님은 기꺼이 '제약'을 선택하셨습니다. 한번 생각해 보세요. 자유롭게 여기저기를 다니던 여러분이 어느 날 팔과 다리에 모두 깁스를 하고 방 안에만 갇혀 있어야 한다면 어떨 것 같으세요? 예수님은 시공간을 초월하실 수 있으심에도 우리와 같은 시공간 안으로 들어오셨습니다. 또한 전능한 영이 아닌 연약한 인간의 육체를 입으시고, 많은 고난과 상처를 몸소 겪으셨습니다.

예수님은 우리와 같이 시간과 공간, 육신의 제약에 그대로 노출되셨습니다. 하지만 이러한 여러 제약 속에서도 하나님의 뜻과 본심을 온전히 드러내셨을 뿐 아니라, 오히려 그 제약을 활용해 사람들을 구원하셨습니다. 이후 자세히 다루겠지만, 예수님은 자신에게 제약인 육신으로 당시 부정해지지 않으려 그 누구도 근처에 가지 않았던 나병환자에게 다가가셨습니다. 그에게 손을 내밀어 자신의 온기와 사랑을 먼저 전하시고 병까지 고쳐 주셨습니다. 무엇보다 예수님은 로마에 압제당하는 민족이라는 제약 속에서 스스로 산 제물이 되어 십자가에서 피 흘려 죽으심으로 우리의 모든 죄를 대속하셨습니다.

예수님은 이 땅에서 우리가 어떻게 살아가야 할지 보여주셨습니다. 크신 하나님이신 분이 한없이 작은 사람으로 오셔서, 하나님의 사랑이 인간의 연약함 속에서 어떻게 드러날 수 있는지, 쉽지 않은 일상에서 어떻게 아버지 뜻대로 살 수 있는지 직접 삶으로 보여주셨습니다.

그래서일까요? 저는 진리와 현실의 괴리가 크게 느껴지는 날이면 예수님이 더욱 그립고 알고 싶어집니다. 바로 이 마음이 '여정 시즌 2를 하게 된다면 예수님을 주제로 해야겠다' 결심한 이유입니다. 물론 예수님을 더 깊게 알게 된다 해도, 온전한 사람인 동시에 온전한 하나님이셨던 예수님의 삶을 그대로 따라 살아내기는 어려울 것입니다. 그럼에도 예수님의 삶을 깊이 살펴보다 보면, 오늘 우리가 어떻게 그리스도인으로서 진리를 살아낼 수 있을지 힌트를 얻을 수 있지 않을까요? 우리의 현실에서 말씀이 작동하게 할 실마리를 말입니다. 함께 시즌 2를 공부하며 이 땅에서의 롤모델 되신 예수님을 더 알아가길 기도합니다.

히브리서 2:18 ~ 3:1

"자기가 시험을 받아 고난을 당하셨은즉
시험 받는 자들을 능히 도우시느니라
그러므로 함께 하늘의 부르심을 받은 거룩한 형제들아
우리가 믿는 도리의 사도이시며
대제사장이신 예수를 깊이 생각하라"

<여정 시즌 2. 예수님>의 주제와 기대

시즌 2에서는 예수님을 깊이 공부합니다.

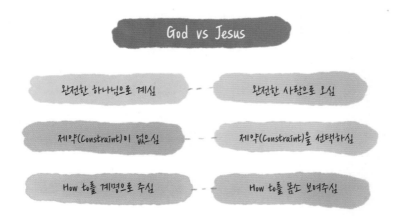

완전한 사람으로 오신 분,
하나님의 크신 경륜과 예정 안에서 우리 죄를 대속하시려
하나님의 모습이 아닌 완전한 사람의 모습으로 이 땅에 오신 분,

육체의 제약을 기꺼이 선택하신 분,
그분이 사랑하신 대상이 사람이기에, 우리와 같은 모습으로 오셔서
우리네 현실과 고난을 하나도 피하지 않고 몸소 살아내신 분,

모든 그리스도인의 롤모델이 되신 분,

하나님 아버지의 뜻과 마음을 헤아리며,

하나님의 본래 의도 그대로 말씀을 따르는 것이 무엇인지

삶으로 보여주신 분.

시즌 2를 통해 그분의 삶과 가르침을 더 깊이 알아갑니다.

빌립보서 2:5-8

5   너희 안에 이 마음을 품으라 곧 그리스도 예수의 마음이니

6   그는 근본 하나님의 본체시나 하나님과 동등됨을 취할 것으로
    여기지 아니하시고

7   오히려 자기를 비어 종의 형체를 가져 사람들과 같이 되었고

8   사람의 모양으로 나타나셨으매 자기를 낮추시고 죽기까지 복종
    하셨으니 곧 십자가에 죽으심이라

히브리서 2:14-18

14 자녀들은 혈육에 함께 속하였으매 그도 또한 한 모양으로
    혈육에 함께 속하심은 사망으로 말미암아 사망의 세력을
    잡은 자 곧 마귀를 없이 하시며

15 또 죽기를 무서워하므로 일생에 매여 종노릇하는 모든 자들을
    놓아 주려 하심이니

16 이는 실로 천사들을 붙들어 주려 하심이 아니요 오직 아브라함
    의 자손을 붙들어 주려 하심이라

17 그러므로 저가 범사에 형제들과 같이 되심이 마땅하도다 이는 하나님의 일에 자비하고 충성된 대제사장이 되어 백성의 죄를 구속하려 하심이라
18 자기가 시험을 받아 고난을 당하셨은즉 시험 받는 자들을 능히 도우시느니라

시즌 2는 총 8개 장으로 구성되어 있습니다. 예수님의 탄생부터 부활까지, 그분의 생애를 시간순으로 따라가며 오심, 사심, 그리고 부활의 의미를 살펴볼 예정입니다.

1장. 예수님의 탄생과 족보, 하나님 주신 언약의 성취
2장. 세례 후 시험받으신 예수님, 광야 그곳에서의 시작
3장. 병 고치신 예수님, 치유 중 보이신 본심
4장. 거절당하신 예수님, 거절에 휘둘리지 않는 대응
5장. 예루살렘으로 올라가시는 예수님, 길 위에서 드러난 동상이몽
6장. 예루살렘에서의 예수님, 하나님의 참뜻을 찾는 논쟁
7장. 십자가에서 죽으신 예수님, 죽음을 선택하신 이유
8장. 부활하신 예수님, 다시 살아나심으로 보증한 사랑

시즌 2에서는 사복음서를 중심으로 예수님이 처하셨던 상황과 사

회문화적 맥락(Context)을 이해하며 그 안에서 예수님이 선택하신 제약(Constraint)을 해석합니다. 그리고 그분의 삶과 우리의 현실을 연결(Connect)하는 과정을 함께 합니다.

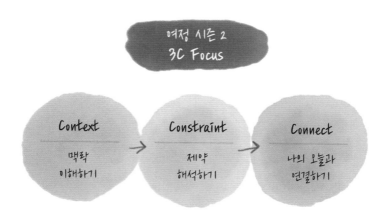

우리 모두 '예수님의 삶이 오늘 내 현실에 던지는 화두는 무엇일까?'라는 질문을 품고, 예수님이 처하셨던 상황과 제약 속으로 깊이 들어가 봅시다. 그 자리에서 온 신경을 모아 예수님의 말씀과 행동을 하나하나 주의 깊게 관찰하며, 그분의 선택이 오늘 우리의 삶에 주는 의미를 고민해 봅시다. 지금 이 자리에서 예수님을 마주한다면, 그분은 우리에게 어떻게 다가오실지, 어떤 말씀을 건네실지 깊이 생각하며 머물러 봅시다.

요한복음 13:14~15

14 내가 주와 또는 선생이 되어 너희 발을 씻겼으니 너희도 서로
   발을 씻기는 것이 옳으니라

15 내가 너희에게 행한것 같이 너희도 행하게 하려하여 본을 보였
   노라

베드로전서 2:21

이를 위하여 너희가 부르심을 입었으니 그리스도도 너희를 위하여
고난을 받으사 너희에게 본을 끼쳐 그 자취를 따라 오게 하려 하셨
느니라

시즌 2를 시작하며 이런 질문을 드리고 싶습니다.

"여러분은 얼마나 예수님 닮은 그리스도인이 되고 싶으신가요?"

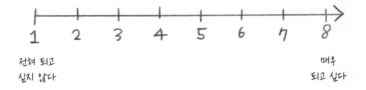

전혀 되고
싶지 않다

매우
되고 싶다

지금 한번 위 척도에 체크해 보세요. 성경공부를 모두 마친 후에
다시 한번 생각해 볼게요.

'그리스도인답게 살아야 한다'거나 '그리스도인처럼 행동해야 한다'는 말을 흔히 듣습니다. 하지만 '예수님이 정말 좋아서, 예수님을 닮은 그리스도인이 되고 싶다'는 진심 어린 고백은 드물다고 느껴집니다. 시즌 2에서 예수님을 깊이 바라보는 가운데, 우리가 모두 예수님을 닮은 그리스도인이 되고 싶어지길 바랍니다.

'믿는 사람이니까 그리스도인답게 살아야 해'라는 의무감 대신, '나는 정말 예수님을 닮은 그리스도인이 되고 싶어'라는 마음이 우리 내면에서 우러나오길 기대합니다. 사랑스러운 주님은 더욱 사랑받으시고, 우리는 그분과 사랑과 믿음을 주고받으며 진정한 그리스도인으로 성장하길 기도합니다.

마지막으로 시즌 2 교재의 각 장 끝에는 Abby's letter가 포함되어 있습니다. 여정 성경공부를 함께했던 분들이 '예수님을 따라 살아가려니 이런 고민이 생깁니다'라며 남겨준 질문들에 대한 제 생각을 조심스럽게 적어본 글입니다. 이 편지가 이 시대를 살아가는 그리스도인으로서 여러분의 생각을 정리하는 데 작은 도움이 되면 좋겠습니다.

— 지은이 이연임(Abby)

목차

Part 1. 탄생부터 마지막으로 예루살렘에 올라가시기 전까지

나는 세상의 빛이니 나를 따르는 자는 어두움에
다니지 아니하고 생명의 빛을 얻으리라

요한복음 8:12

PART 1.

탄생부터
마지막으로 예루살렘에
올라가시기 전까지

Chapter 1

예수님의 탄생과 족보, 하나님 주신 언약의 성취

1. 아기로 탄생하신 예수님

마태복음 1:18~25

18 예수 그리스도의 나심은 이러하니라 그 모친 마리아가 요셉과 정혼하고 동거하기 전에 성령으로 잉태된 것이 나타났더니

19 그 남편 요셉은 의로운 사람이라 저를 드러내지 아니하고 가만히 끊고자 하여

20 이 일을 생각할 때에 주의 사자가 현몽하여 가로되 다윗의 자손 요셉아 네 아내 마리아 데려오기를 무서워 말라 저에게 잉태된 자는 성령으로 된 것이라

21 아들을 낳으리니 이름을 예수라 하라 이는 그가 자기 백성을 저희 죄에서 구원할 자이심이라 하니라

22 이 모든 일의 된 것은 주께서 선지자로 하신 말씀을 이루려

하심이니 가라사대

23 보라 처녀가 잉태하여 아들을 낳을 것이요 그 이름은 임마누엘
이라 하리라 하셨으니 이를 번역한즉 하나님이 우리와 함께
계시다 함이라

24 요셉이 잠을 깨어 일어나서 주의 사자의 분부대로 행하여 그
아내를 데려 왔으나

25 아들을 낳기까지 동침치 아니하더니 낳으매 이름을 예수라
하니라

누가복음 2:5~7

5 그 정혼한 마리아와 함께 호적하러 올라가니 마리아가 이미
잉태되었더라

6 거기 있을 그 때에 해산할 날이 차서

7 맏아들을 낳아 강보로 싸서 구유에 뉘었으니 이는 사관에 있을
곳이 없음이러라

예수님은 아기로 이 땅에 태어나셨습니다. 이 사실을 떠올릴 때마
다 저는 감히 헤아릴 수 없는 신비 앞에 몸 둘 바를 모르겠습니다.
온 우주를 충만하게 채우시는 무소부재한 하나님께서 손바닥만 한
엄마의 자궁에서 삶을 시작하셨다니요. 전지전능한 창조주께서 스
스로 한없이 연약한 아기의 모습으로 오셨다니요. 아기는 어떤 존
재인가요? 갓 태어난 아기는 혼자서는 아무것도 할 수 없습니다.

목조차 가누지 못하고, 스스로 먹거나 씻는 것도 불가능합니다. 그런데 온 세상의 주권자이신 하나님께서, 누군가의 도움 없이는 살아갈 수 없는 한없이 연약한 아기로 이 땅에 오셨습니다.

게다가 아기 예수님은 영유아 발달의 모든 단계를 건너뛰지 않으시고, 우리와 똑같은 과정을 거쳐 성인이 되셨습니다. 육체를 창조하신 분이 머리를 들고, 뒤집기를 하고, 기어다닌 후 첫걸음을 떼셨습니다. 언어에 능하신 분이 울음으로 자신을 표현하다가 옹알이를 한 후 말을 하셨습니다.

예수님이 태어나신 환경은 어떠했을까요? 예수님은 마리아의 뱃속에 있을 때부터 환영만 받으셨을까요? 예수님이 태어나신 시대에 이스라엘 민족이 따랐던 모세 율법에는 여자가 결혼하여 처녀가 아

닌 것이 드러나면 집에서 끌어내 돌로 쳐 죽이라고 되어 있습니다
(신명기 22:21). 또 처녀가 약혼한 후 다른 남자와 동침하면 성읍에
서 끌어내 돌로 쳐 죽이라고 되어 있습니다(신명기 22:23~24). 마
리아는 요셉과 약혼했지만 결혼 전이었습니다. 그런데 요셉과 상관
없이 아이를 잉태합니다. 주의 사자가 꿈속에서 요셉에게 진실을
알려주지 않았다면, 마리아는 파혼당했을 뿐 아니라 율법에 따라
돌에 맞아 죽을 위험도 있었습니다.

이런 상황에서 마리아는 과연 찬양과 감사만 가득했을까요? 성령
으로 잉태했다는 사실을 믿음으로 받아들였다 해도요. 누구에게도
말하기 어렵고 이해받기 어려운 이 상황을 혼자 견뎌야 했던 마리
아의 심정은 어땠을까요? 때때로 두렵고 떨리지 않았을까요? 요셉
이 마리아를 받아들였다 해도, 결혼 전 임신 사실을 눈치챈 주변 사
람들의 수군거림이나 정결하지 않은 여인이라는 주위의 손가락질
을 참아내는 일이 과연 쉬웠을까요?

예수님은 이런 환경에서 태어나셨습니다. 태아는 엄마 배 속에 있
을 때부터 엄마의 감정에 영향을 받는다고 하는데요. 마리아의 불
안하고 두려운 마음이 태아 예수님께 전해지지는 않았을까요? 어
린 시절 아버지 요셉과 닮지 않았다는 이유로 곱지 않은 시선을 받
거나, 사람들이 어머니 마리아를 모욕하는 말을 들어야 하지는 않

았을까요?

예수님은 누구나 메시아임을 알아볼 수 있는 위엄 있는 모습이 아닌, 굳이 한없이 연약한 아기의 모습으로 오셨습니다. 예수님은 지름길을 택하지 않으셨습니다. 예수님은 화려하고 안전한 길 대신, 위험과 어려움이 있는 길을 선택하셨습니다. 왜 그러셨을까요? 왜 그렇게까지 하셨을까요?

구약의 말씀을 성취하기 위함이 첫 번째 이유일 것입니다. 더불어 예수님은 의도적으로 그분이 사랑하시는 우리가 걷고 있는 길, 그리고 걸을 수밖에 없는 그 길을 직접 경험하기로 선택하셨습니다. 우리가 이 땅에 살며 겪는 삶의 모든 단계를 하나하나 밟으시며, 우리가 마주하는 여러 힘듦과 어려움을 몸소 겪으시기로 하신 것입니다. 예수님은 언제나 우리를 그 누구보다 깊이 이해하고 사랑하시지만, 우리가 그 사실을 잘 알지도 믿지도 못하니까요.

예수님이 우리와 같은 처지에 계셨고, 우리가 겪는 아픔과 어려움을 직접 경험하셨다는 사실을 더 깊이 알게 되니 어떤 마음이 드시나요? 그분께 더 가까이 다가가고 싶지 않으신가요? 여러분의 아픔과 상처, 그리고 기쁨까지 모두 그분께 들고 나아가, 예수님과 터놓고 이야기 나누는 시즌 2의 시간이 되기를 기대합니다.

히브리서 2:18~3:1

18 자기가 시험을 받아 고난을 당하셨은즉 시험 받는 자들을 능히
   도우시느니라

1 그러므로 함께 하늘의 부르심을 입은 거룩한 형제들아 우리의
  믿는 도리의 사도시며 대제사장이신 예수를 깊이 생각하라

여러분을 깊이 아시는 주님과 시즌 2를 공부하는 동안 어떤 이야기
를 나누고 싶나요?

2. 아버지 언약을 성취하신 예수님

이번에는 예수님 탄생의 의미를 족보로 살펴보겠습니다. 예수님의
족보는 마태복음 1장과 누가복음 3장 두 곳에 나옵니다. 흥미롭게
도 마태와 누가는 각각 다른 대상 독자를 염두에 두고 족보를 기록
했으며, 그 결과 두 족보는 서로 다른 관점에서 예수님의 정체성과
사명을 조명하고 있습니다. 먼저 두 복음서의 특징을 간략히 살펴
본 후, 족보의 내용을 자세히 들여다보겠습니다.

마태복음은 마태가 구약 말씀에 익숙한 유대인을 주요 독자로 삼아
기록한 복음서입니다. 유대인은 메시아를 기다리던 사람들입니다.

그들에게 메시아는 하나님의 약속을 받은 선민인 자신들을 구원하기 위해 이 땅에 오실 분이었습니다. 유대인은 메시아가 반드시 오실 것을 굳게 믿으며, 오랜 세월 동안 삶에서 대가를 치르며 기다렸습니다. 그러나 예수님이 이 땅에 오셨을 때, 그분은 유대인이 기대하던 메시아의 모습과 사뭇 달랐습니다. 유대인이 바랐던 메시아는 강력한 정치적 지도자나 군사적 구원자였습니다. 하지만 예수님은 겸손히 아기의 모습으로 오셨고, 권력보다 사랑과 섬김을 강조하셨습니다. 마태는 유대인들에게 예수님의 족보를 통해 예수님이 다윗의 자손이자 아브라함의 자손임을 강조하며, 예수님이 구약의 하나님 언약을 성취하신 메시아임을 입증합니다.

반면 누가복음은 성경에서 유일한 이방인 저자인 누가가 기록한 복음서로, 주로 이방 기독교인을 대상으로 쓰였습니다. 이방 기독교인은 유대인과는 달리 구약 말씀이나 메시아에 대한 전통적 이해가 없었습니다. 그들은 예수님에 대해 듣고 그를 구원자로 믿게 되었지만, 이방인도 하나님 나라에 들어갈 수 있는지에 대해 확신하지 못했습니다. 또한 자신들이 유대인만큼 예수님과 관계가 있는지에 대한 의문도 품고 있었습니다. 누가는 이러한 이방인들에게 믿음의 확신을 주기 위해 예수님의 족보를 기록했습니다. 예수님의 족보를 통해 예수님이 단지 유대인만을 위한 메시아가 아니라, 모든 인류를 위한 구원자로 오셨음을 강조합니다.

마태복음과 누가복음의 차이

구분	마태복음	누가복음
저자	마태	누가
기록 대상	유대인	이방 기독교인
기록 대상 특징	• 메시아를 기다리던 사람들 • 메시아는 하나님의 약속을 받은 선민인 유대인을 위한 구원자 • 예수님은 자신들이 대가를 지불하며 기다렸던, 기대하던 메시아의 모습이 아님 • 예수님을 알수록 그동안 자신이 믿고 있었던 메시아상과 충돌	• 메시아를 기다리지도, 기대하지도 않았던 사람들 • 복음을 듣고 예수님을 믿게 된 사람들 • 이방인도 하나님 나라에 들어갈 수 있는지 확신이 부족함 • 예수님을 알수록 이방인도 유대인 만큼 예수님과 관계가 있는지 궁금

마태복음의 족보

먼저 마태복음의 족보부터 자세히 들여다보겠습니다.

> 마태복음 1:1~17
> 1 아브라함과 다윗의 자손 예수 그리스도의 세계라
> 2 아브라함이 이삭을 낳고 이삭은 야곱을 낳고 야곱은 유다와 그의 형제를 낳고
> 3 유다는 다말에게서 베레스와 세라를 낳고 베레스는 헤스론을 낳고 헤스론은 람을 낳고

4 람은 아미나답을 낳고 아미나답은 나손을 낳고 나손은 살몬을
낳고

5 살몬은 라합에게서 보아스를 낳고 보아스는 룻에게서 오벳을
낳고 오벳은 이새를 낳고

6 이새는 다윗왕을 낳으니라 다윗은 우리야의 아내에게서
솔로몬을 낳고

7 솔로몬은 르호보암을 낳고 르호보암은 아비야를 낳고
아비야는 아사를 낳고

8 아사는 여호사밧을 낳고 여호사밧은 요람을 낳고 요람은
웃시야를 낳고

9 웃시야는 요담을 낳고 요담은 아하스를 낳고 아하스는
히스기야를 낳고

10 히스기야는 므낫세를 낳고 므낫세는 아몬을 낳고 아몬은
요시야를 낳고

11 바벨론으로 이거할 때에 요시야는 여고냐와 그의 형제를
낳으니라

12 바벨론으로 이거한 후에 여고냐는 스알디엘을 낳고 스알디엘은
스룹바벨을 낳고

13 스룹바벨은 아비훗을 낳고 아비훗은 엘리아김을 낳고
엘리아김은 아소르를 낳고

14 아소르는 사독을 낳고 사독은 아킴을 낳고 아킴은 엘리웃을 낳고

15 엘리웃은 엘르아살을 낳고 엘르아살은 맛단을 낳고 맛단은
야곱을 낳고

16 야곱은 마리아의 남편 요셉을 낳았으니 마리아에게서
   그리스도라 칭하는 예수가 나시니라
17 그런즉 모든 대 수가 아브라함부터 다윗까지 열 네 대요 다윗
   부터 바벨론으로 이거할 때까지 열 네 대요 바벨론으로 이거한
   후부터 그리스도까지 열 네 대러라

마태복음의 족보는 아브라함으로 시작해 예수님으로 끝납니다. 예
수님을 아브라함과 다윗의 직계 후손으로 소개한 이 족보는 유대인
의 모든 조상과 예수님 사이의 연결을 보여줍니다. 구약에 익숙한
유대인들은 이 족보를 읽으며 메시아 계보에 관련된 구약의 예언을
떠올렸을 겁니다. 마태는 이 족보를 통해 유대인들에게 예수님이
구약의 예언을 성취하신 메시아임을 분명히 합니다.

마태복음의 족보는 유대인뿐 아니라, 오늘날 우리에게도 중요한 의
미를 담고 있습니다. 족보에 등장하는 46명의 개인사와 약 2000년
에 걸친 이스라엘 민족의 굴곡진 역사를 생각해 보십시오. 이 족보
는 단순히 이름과 연대를 나열한 기록이 아닙니다. 마태가 의도적
으로 포함한 특정 표현들과 이름들은 깊은 의미를 담고 있습니다.
예를 들어 '우리야의 아내에게서', '바벨론으로 사로잡혀 갈 때에'와
같은 내용 말입니다.

마태는 예수님의 족보를 기록하면서 미화를 선택하지 않았습니다. 인간의 실패와 죄악을 감추지 않고 있는 그대로 기록했습니다. 마태복음의 족보에는 다말, 라합, 룻, 그리고 '우리야의 아내' 등 일반적으로 족보에 포함되지 않을 여성들의 이름이 등장합니다. 이들 중 몇몇은 유대인의 전통적 기준에서 보면 논란의 여지가 있는 삶을 살았던 인물들입니다. 또한 다윗 왕조의 영화로운 시기뿐 아니라, 바벨론 포로기의 고난과 이스라엘 민족의 쇠퇴를 포함합니다. 이를 통해 마태는 한 가지 중요한 메시지를 전달합니다. 하나님은 인간의 죄와 실패, 그리고 역사적 굴곡에도 불구하고 믿음의 사람들과 자신의 구원 계획을 신실하게 이루어 가신다는 것입니다. 하나님의 계획은 인간의 연약함으로 인해 좌절되지 않습니다. 오히려 그 연약함을 통해 하나님의 은혜와 주권이 더욱 분명히 드러납니다.

신약성경의 첫 책 첫 장은 하나님의 놀라운 구원 계획과 결연한 의지를 선포합니다. 예수님의 족보는 단순한 가계도가 아니라, 하나님이 역사를 통해 이루신 구속의 서사입니다. 이 족보는 하나님의 사랑이 얼마나 크고 강렬한지를 우리에게 보여줍니다. 우리에게 이렇게 말합니다. "이 모든 것을 뚫고서라도, 나는 기어이 너에게 가겠다."라고요.

예수님의 탄생은 죄와 실패로 가득한 인간의 역사 속에서도 포기하지 않으신 하나님의 사랑과 우리를 구원하기 위한 결단을 확증합니다.

누가복음 3:23~38

23 예수께서 가르치심을 시작할 때에 삼십세쯤 되시니라 사람들의
   아는대로는 요셉의 아들이니 요셉의 이상은 헬리요

24 그 이상은 맛닷이요 그 이상은 레위요 그 이상은 멜기요 그
   이상은 얀나요 그 이상은 요셉이요

25 그 이상은 맛다디아요 그 이상은 아모스요 그 이상은 나훔이요
   그 이상은 에슬리요 그 이상은 낙개요

26 그 이상은 마앗이요 그 이상은 맛다디아요 그 이상은 서머인이
   요 그 이상은 요섹이요 그 이상은 요다요

27 그 이상은 요아난이요 그 이상은 레사요 그 이상은 스룹바벨이
   요 그 이상은 스알디엘이요 그 이상은 네리요

28 그 이상은 멜기요 그 이상은 앗디요 그 이상은 고삼이요 그 이
   상은 엘마담이요 그 이상은 에르요

29 그 이상은 예수요 그 이상은 엘리에서요 그 이상은 요림이요 그
   이상은 맛닷이요 그 이상은 레위요

30 그 이상은 시므온이요 그 이상은 유다요 그 이상은 요셉이요 그
   이상은 요남이요 그 이상은 엘리아김이요

31 그 이상은 멜레아요 그 이상은 멘나요 그 이상은 맛다다요 그
   이상은 나단이요 그 이상은 다윗이요

32 그 이상은 이새요 그 이상은 오벳이요 그 이상은 보아스요 그

이상은 살몬이요 그 이상은 나손이요

33 그 이상은 아미나답이요 그 이상은 아니요 그 이상은 헤스론이
요 그 이상은 베레스요 그 이상은 유다요

34 그 이상은 야곱이요 그 이상은 이삭이요 그 이상은 아브라함이
요 그 이상은 데라요 그 이상은 나홀이요

35 그 이상은 스룩이요 그 이상은 르우요 그 이상은 벨렉이요 그
이상은 헤버요 그 이상은 살라요

36 그 이상은 가이난이요 그 이상은 아박삿이요 그 이상은 셈이요
그 이상은 노아요 그 이상은 레멕이요

37 그 이상은 므두셀라요 그 이상은 에녹이요 그 이상은 야렛이요
그 이상은 마할랄렐이요 그 이상은 가이난이요

38 그 이상은 에노스요 그 이상은 셋이요 그 이상은 아담이요 그
이상은 하나님이시니라

누가복음의 족보

누가복음의 족보는 마태복음과 달리 예수님에서 시작해 아담을 거
쳐 하나님까지 거슬러 올라갑니다. 이를 통해 하나님이 창조하신
모든 인류와 예수님이 연결되어 있음을 보여줍니다.

누가는 족보를 통해 예수님이 모든 인류의 구원자로, 유대인과 이
방인을 가리지 않고 하나님의 구원 계획 안으로 초대하신다는 메시
지를 전합니다. 예수님의 탄생이 민족과 경계를 초월한 사건임을

분명히 하며, 하나님께서 모든 사람을 위한 구원을 계획하셨음을 보여줍니다. 이방 기독교인들은 이 족보를 통해 자신들도 하나님의 자녀로서 예수님의 구원 역사에 속한다는 사실을 굳게 확신했을 것입니다. 이는 오늘을 사는 우리에게도 동일하게 적용되며, 우리가 예수님과 연결되어 있음을 확증합니다.

마태복음의 족보는 예수님이 구약의 언약을 성취하신 메시아임을 강조하고, 누가복음의 족보는 예수님이 온 인류의 구원자임을 보여줍니다. 각각 다른 독자를 대상으로 하지만, 두 족보는 하나의 진리를 선포합니다. 예수님은 하나님의 구원 계획의 성취이자, 모든 민족과 사람을 향한 하나님의 사랑의 증거입니다.

예수님은 우리의 죄를 해결하시기 위해, 하나님께서 수천 년에 걸쳐 계획하고 준비하신 끝에 이 땅에 오신 분입니다. 골로새서 2장 2절은 예수님을 가리켜 '하나님의 비밀'이라고 말합니다. 인간의 모든 연약함을 아시면서도 인간의 역사 속으로 들어오신 하나님의 비밀, 예수님을 계속해서 더 알아봅시다.

예수님이 여러분과 연결되어 있다는 사실은
여러분의 삶에 어떤 영향을 미치나요?

Abby's Letter

이 질문을 받고 저는 먼저 '예수님은 어떤 기준으로 자신의 길을 선택하셨을까?'를 생각해 보았습니다. 예수님의 의사결정 기준은 단순히 '어렵고 힘든 길'이 아니었을 것입니다.

예수님은 자신의 '삶의 방향성'에 따라, 자신이 '감당할 수 있는' 길을 선택하셨다고 생각합니다. 우리 모두를 살리는 방향, 생명을 주시는 분으로서 우리의 생기를 충만하게 하려는 그 목적 안에서, 예수님은 자신이 감당할 수 있는 길을 걸으셨습니다. 예수님을 닮아가려는 우리 역시 우리에게 맞는 길을 선택할 수 있습니다. 중요한 결정을 내리기 전에 다음 세 가지 질문을 자문해 보세요.

① 내 삶의 방향성은 무엇인가?
② 내가 감당할 수 있는 길인가?
③ 지금이 그것을 감당해야 할 때인가?

이 질문들에 답하려면 먼저 여러분 자신을 잘 알아야 합니다. 나는 누구이고, 무엇에 가치를 느끼는지, 내 기준은 진리에 기반한 것인지 또는 개인적 신념에 기반한 것인지, 나는 무엇을 어디까지 감당할 수 있는 능력과 임계치를 가졌는지, 지금 내 삶은 어떤 시즌인지 등을 파악해야 합니다.

이러한 자기 이해를 바탕으로 우리는 더 지혜롭고 책임 있는 선택을 할 수 있습니다. 만약 방향성에 확신이 없거나 감당할 자신이 없다면, 또는 지금이 적절한 시기인지 판단이 서지 않는다면, '어렵고 힘든 길이니 그리스도인의 길일 것이다'라는 막연한 생각으로 성급하게 무언가를 결정하지 않기를 바랍니다. 어렵고 힘든 길을 선택하는 것이 반드시 신앙적인 길은 아니니까요.

마지막으로 여러분의 선택이 다른 사람의 삶에 크게 영향을 미친다면 그들을 존중하는 방식으로 결정 과정을 진행하시길 권합니다. 예를 들어 배우자나 어린 자녀와 같은 긴밀한 관계에 있는 사람들의 경우, 어떤 결정은 그들의 삶에 직접적인 영향을 줄 수 있습니다. 이러한 상황에서는 결정의 배경과 이유를 충분히 소통하고, 그들의 우려와 의견을 경청하며 상대방의 입장을 헤아리는 시간을 가져보세요. 일방적인 통보가 아닌 공동의 결정이 되도록 함께 논의하고요. 일방적인 통보나 강요는 관계를 해칠 수 있고, 결과적으로 그리스도인으로서 우리가 추구하는 사랑과 섬김의 방향성과도 멀어지게 할 수 있기 때문입니다.

Chapter 2.

세례 후
시험 받으신 예수님,
광야 그곳에서의 시작

1. 세례 받으신 예수님

예수님의 세례는 네 개 복음서에 모두 등장하는 중요한 사건입니다. 예수님이 언제, 어떤 의미로 세례를 받으셨는지 함께 살펴보겠습니다.

먼저 여러분에게 질문을 드리고 싶습니다. 여러분이 '하나님의 일을 하겠다'라거나 '하나님을 위해 살겠다'라고 처음 생각했던 순간은 언제였나요? 그 생각의 계기가 된 말씀이나 상황은 무엇이었나요?

> 누가복음 3:21~23
> 21 백성이 다 세례를 받을쌔 예수도 세례를 받으시고 기도하실 때
> 에 하늘이 열리며

22 성령이 형체로 비둘기 같이 그의 위에 강림하시더니 하늘로서
   소리가 나기를 너는 내 사랑하는 아들이라 내가 너를 기뻐하
   노라 하시니라
23 예수께서 가르치심을 시작할 때에 삼십세쯤 되시니라

온 세상을 구원하러 오신 메시아 예수님은 작은 시골 마을에서 30세까지 목수로 일하셨습니다. 예수님은 이 땅에서의 시간이 길지 않음을 알고 계셨을 텐데도 조급해하지 않으셨습니다. 예수님은 자신의 삶과 사역을 위한 아버지의 계획과 때를 온전히 신뢰하며 기다리셨습니다. 그리고 하나님이 정하신 때에 공생애를 시작하시면서 세례를 받으셨습니다.

예수님이 본격적인 사역의 출발점에서 받으신 세례는 어떤 의미가 있을까요?

복음서를 보면 예수님은 두 가지 세례를 받으십니다.

마태복음 3:13~17

13 이 때에 예수께서 갈릴리로서 요단강에 이르러 요한에게 세례를 받으려 하신대

14 요한이 말려 가로되 내가 당신에게 세례를 받아야 할 터인데 당신이 내게로 오시나이까

15 예수께서 대답하여 가라사대 이제 허락하라 우리가 이와 같이 하여 모든 의를 이루는 것이 합당하니라 하신대 이에 요한이 허락하는지라

16 예수께서 세례를 받으시고 곧 물에서 올라 오실째 하늘이 열리고 하나님의 성령이 비둘기 같이 내려 자기 위에 임하심을 보시더니

17 하늘로서 소리가 있어 말씀하시되 이는 내 사랑하는 아들이요 내 기뻐하는 자라 하시니라

요한복음 1:29~34

29 이튿날 요한이 예수께서 자기에게 나아오심을 보고 가로되 보라 세상 죄를 지고 가는 하나님의 어린 양이로다

30 내가 전에 말하기를 내 뒤에 오는 사람이 있는데 나보다 앞선 것은 그가 나보다 먼저 계심이라 한 것이 이 사람을 가리킴이라

31 나도 그를 알지 못하였으나 내가 와서 물로 세례를 주는 것은 그를 이스라엘에게 나타내려 함이라 하니라

32 요한이 또 증거하여 가로되 내가 보매 성령이 비둘기 같이 하늘

로서 내려와서 그의 위에 머물렀더라

33 나도 그를 알지 못하였으나 나를 보내어 물로 세례를 주라 하신
    그이가 나에게 말씀하시되 성령이 내려서 누구 위에든지 머무는
    것을 보거든 그가 곧 성령으로 세례를 주는 이인줄 알라 하셨기에
34 내가 보고 그가 하나님의 아들이심을 증거하였노라 하니라

첫 번째는 물세례입니다. 물세례는 죄를 회개하는 이들이 받는 세
례입니다. 죄가 없으신 예수님은 회개할 필요가 없으셨지만, 요한
에게 물세례를 받으셨습니다. 왜일까요? 예수님은 하나님이 주신
사명을 따라 우리의 죄를 대신 속량하실 하나님의 어린 양으로서
회개의 세례를 받으셨습니다. 또한 완전한 사람으로서 인간이 걸어
가는 모든 길을 동일하게 걸어가며 우리의 본이 되기를 원하셨습니
다. 예수님의 물세례는 그분의 겸손과 순종을 드러냅니다. 이는 예
수님이 우리를 대신해 낮아지시고, 하나님의 뜻에 철저히 순종하신
모습을 보여줍니다.

마가복음 1:9~11

9   그 때에 예수께서 갈릴리 나사렛으로부터 와서 요단강에서
    요한에게 세례를 받으시고

10 곧 물에서 올라 오실쌔 하늘이 갈라짐과 성령이 비둘기 같이
　　자기에게 내려오심을 보시더니
11 하늘로서 소리가 나기를 너는 내 사랑하는 아들이라 내가 너를
　　기뻐하노라 하시니라

두 번째는 성령세례입니다. 복음서에 따르면 예수님이 물세례를 받
으신 후 하나님의 성령이 비둘기같이 하늘로부터 내려와 예수님에
게 임하셨습니다. 그때 하나님 아버지는 "너는 내 사랑하는 아들이
라, 내가 너를 기뻐하노라"라고 말씀하셨습니다. 이 선언은 예수님
의 정체성을 명확히 확증합니다. 예수님은 성령세례를 통해 하나님
아버지와의 관계와 사랑 안에서 사역을 시작하셨습니다.

우리 역시 죄인임을 고백하며 하나님께 나아갈 때, 하나님은 성령
님을 통해 우리에게 말씀하십니다. "너는 내 사랑하는 자녀야. 내
가 너를 기뻐해."라고요. 이 말씀은 우리의 정체성을 완전히 새롭
게 합니다.

물세례가 우리의 죄를 고백하며 아버지께 나아가는 우리의 결단이
라면, 성령세례는 하나님께서 우리를 사랑하시고, 그의 자녀로 삼
으셨음을 확증하는 하나님의 선언입니다.

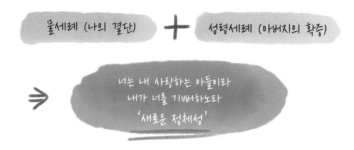

물세례 (나의 결단) + 성령세례 (아버지의 확증)

⟹ 너는 내 사랑하는 아들이라
내가 너를 기뻐하노라
'새로운 정체성'

하나님의 사랑하고 기뻐하는 자녀라는 정체성이 우리 안에 건강하게 자리 잡으면 우리의 삶은 어떻게 달라질까요? 우리는 일상에서 하나님의 끝없고 풍성한 사랑을 받는 자라는 깊은 확신을 가질 수 있습니다. 하나님의 자녀라는 끊을 수 없는 관계성 속에서, 하나님이 우리를 기뻐하신다는 안전감과 그로부터 오는 참된 자유를 누릴 수 있습니다. 이러한 정체성은 우리가 삶을 두려움이나 증명의 필요가 아닌, 믿음과 자유로 살아갈 수 있는 기반이 됩니다.

지금까지 예수님의 세례 장면을 살펴보았습니다. 여기서 우리는 중요한 교훈을 얻을 수 있습니다. 하나님의 일을 시작할 때 가장 필요한 것은 우리의 능력이나 준비가 아닌, '하나님 아버지와의 관계'라는 점입니다. 즉, 하나님 아버지 안에서 내가 누구인지, 내가 그분에게 얼마나 큰 기쁨이 되는 존재인지를 확실히 아는 것이 중요합니다.

왜일까요? 하나님의 일은 본질적으로 하나님의 사랑으로 다른 사람을 사랑하는 것이기 때문입니다. 내가 먼저 하나님의 사랑을 깊이 누리고, 내 안에서 그 사랑이 확증되지 않으면, 내 힘과 얕은 사랑으로 상대를 대할 가능성이 커집니다. 그렇게 되면 결국 하나님의 일이 아닌, 내 일을 하게 될 수 있습니다.

2. 시험받으신 예수님

성령의 충만한 세례로 새로운 정체성과 하나님의 사랑을 확증받고 나면 레드카펫이 쫙 펼쳐질 줄 알았는데 아니었습니다. 예수님은 세례 직후 성령에 이끌려 광야로 가셨습니다. 그곳에서 40일간 금식하며 사탄의 시험을 받으셨습니다.

마태복음 4:1~2
1 그 때에 예수께서 성령에게 이끌리어 마귀에게 시험을 받으러 광야로 가사
2 사십 일을 밤낮으로 금식하신 후에 주리신지라

마가복음 1: 12~13
12 성령이 곧 예수를 광야로 몰아내신지라
13 광야에서 사십 일을 계셔서 사단에게 시험을 받으시며

성령은 항상 꽃길로만 인도하지 않습니다. 하나님의 사랑받는 자녀라 하더라도, 때로는 광야로 내몰리고 다양한 시험을 겪기도 합니다. 하나님을 시험할 수 있는 마귀는 없지만, 사람으로 오신 예수님은 우리와 같이 마귀의 시험을 받으셨습니다. 예수님이 어떤 시험을 받으셨고, 그에 어떻게 대응하셨는지 살펴보겠습니다.

예수님은 세 가지 시험을 받으십니다.

첫 번째 시험

첫 번째 시험은 "네가 만일 하나님의 아들이어든 명하여 이 돌들로 떡덩이가 되게 하라"는 것입니다.

마태복음 4:3~4

3 시험하는 자가 예수께 나아와서 가로되 네가 만일 하나님의
   아들이어든 명하여 이 돌들이 떡덩이가 되게 하라

4 예수께서 대답하여 가라사대 기록되었으되 사람이 떡으로만 살
   것이 아니요 하나님의 입으로 나오는 모든 말씀으로 살 것이라
   하였느니라 하시니

누가복음 4:3~4

3 마귀가 가로되 네가 만일 하나님의 아들이어든 이 돌들에게 명
   하여 떡덩이가 되게 하라

4 예수께서 대답하시되 기록하기를 사람이 떡으로만 살 것이 아
   니라 하였느니라

예수님은 세례받는 순간 하나님 아버지로부터 직접 "너는 내 사랑
하는 아들이라, 내가 너를 기뻐하노라"라는 선언을 들으셨습니다.
그러나 40일간 금식하며 배고픔에 지쳐 계신 예수님에게 마귀는
그 정체성을 의심하게 하는 시험을 던집니다. 마귀는 "네가 만일
하나님의 아들이어든 (If you are the Son of God)"이라는 말로
시험을 시작합니다.

이게 무슨 말입니까? 하나님이 분명히 "너는 내 아들이라"라고 말씀
하셨는데, 마귀는 그 명확한 확증에 '만일(if)'이라는 가정문을 슬쩍

끼워 넣습니다. 하나님이 이미 확증하신 진리를 가정문으로 바꾸어 의심의 씨앗을 심으려는 것입니다. 기억하세요. 마귀의 정체성은 이 간질하는 자입니다. 우리의 믿음을 흔들고, 하나님과 우리의 관계를 깨뜨리기 위해 끊임없이 의심을 던집니다. '네가 정말 하나님의 자녀라면 왜 이런 일이 벌어지지? 하나님이 너를 사랑하신다면서 왜 너를 이렇게 힘들게 하시지? 이것도 안 되면서 네가 정말 하나님께 속한 자가 맞아?'와 같은 의문들을 우리 마음에 심느라 바쁩니다.

이 시험의 핵심은 자명한 진리에 계속해서 던지는 의문입니다. 우리는 이미 하나님의 자녀입니다. 그런데 마귀는 우리가 하나님의 자녀임을 스스로 증명해야 하는 사람처럼 만들려 합니다. 하나님의 약속을 의심하게 만드는 '만일(if)'의 속삭임에 넘어가서는 안 됩니다. 이러한 의심이 찾아올 때는 "어디서 감히 if문을!"이라고 단호히 말해보세요. 아니면 예수님처럼 아예 대꾸할 가치도 없는 어처구니없는 말로 여기세요. 예수님은 마귀의 도발에 휘둘리지 않으셨습니다. 진리 안에 굳건히 서서 마귀의 시험에 단호히 대응하셨습니다.

마귀는 예수님께 이어서 "명하여 이 돌들로 떡덩이가 되게 하라"라고 말합니다. 배고픈 사람이 떡을 먹는 것은 잘못된 일도, 나쁜 일도 아닙니다. 오히려 필요하고 정당한 일입니다. 그러나 이 시험에서 마귀의 의도는 다릅니다. 마귀는 사람을 떡 없이는 살 수 없는 존재로 규정한 뒤, 배고픔에 집중하게 하여 하나님의 뜻이 아닌 자신의 요구를 따르게 하려 합니다. 마귀는 이렇게 속삭입니다. "너 배고프잖아. 떡이 있어야만 살 수 있어. 떡이 없으면 죽는 게 사람이야. 그러니 하나님이 아니라고 하셔도, 네 능력으로 떡을 만들어 먹어. 그걸로 네가 하나님의 아들이라는 것도 증명해 봐."라고요.

이 시험의 핵심은 하나님과 무관하게 인간이 스스로 삶의 주인이 되는 것을 지향하는 데 있습니다. 마귀는 떡을 만드는 능력 자체가 아니라, 하나님과의 관계를 무시하고 자신의 욕구를 스스로 해결하려는 태도를 시험하고 있습니다. 예수님은 마귀의 속임수에 흔들리지 않고 "기록되었으되 사람이 떡으로만 살 것이 아니요. 하나님의 입으로부터 나오는 모든 말씀으로 살 것이라."라고 답하십니다. 예수님은 자신의 존재를 증명하려 하지 않으시고, 하나님의 말씀에 근거해 자신의 존재를 바르게 정의하십니다. 배고픔이라는 욕구에 사로잡히지 않고 하나님의 말씀을 신뢰하며 순종하십니다.

이 시험이 가르치는 것은 우리의 욕구를 억누르거나 무시하라는 뜻이 아닙니다. 배고픔은 기본적 욕구입니다. 그러나 마귀는 이 기본적 욕구에 집착하게 만들어, 우리의 삶에서 하나님과의 관계를 의심하거나 내 삶의 주인을 나 자신으로 두도록 유도합니다. 욕구는 정당하지만, 그것이 하나님보다 우선되거나 우리의 신뢰를 흔들게 해서는 안 됩니다.

이 내용을 성경공부에서 다룰 때, 함께 공부하는 멤버들이 '욕구'
라는 단어가 등장하자 많은 생각에 잠기는 모습을 보았습니다. 한
분은 엄마로서, 그리스도인으로서 자주 자신의 욕구를 눌러왔다
고 했습니다. 또 다른 분은 "이 시험에 등장하는 배고픔은 죄된 욕
구가 아닌데, 왜 하나님이 예수님의 필요를 바로 채워주지 않으셨
을까요?"라고 질문하셨습니다. 여러분은 어떻게 생각하시나요?

하나님은 우리의 죄는 다루시지만, 우리의 필요는 돌보시는 분이
십니다. 하나님은 우리의 선한 아버지로 우리의 필요를 누구보다
잘 아십니다. 시즌 1에서 강조했던 하나님과 우리의 다함 없는 관
계를 떠올려보세요. "너는 내 사랑하는 자녀요. 내 기뻐하는 자"라
는 하나님의 선언을 기억하세요. 그리고 의심과 염려가 아닌, 믿
음과 간구의 모습으로 여러분의 욕구와 필요를 들고 하나님께 나
아가세요. 하나님은 우리의 필요를 무시하지 않으십니다. 다만,
우리의 욕구가 우리의 신앙을 흔들지 않도록, 하나님 안에서 바른
순서를 세우시기를 원하십니다.

마태복음 7:7~11

7 구하라 그러면 너희에게 주실 것이요 찾으라 그러면 찾을 것이
   요 문을 두드리라 그러면 너희에게 열릴 것이니

8 구하는 이마다 얻을 것이요 찾는 이가 찾을 것이요 두드리는 이
   에게 열릴 것이니라

9 너희 중에 누가 아들이 떡을 달라 하면 돌을 주며

10 생선을 달라 하면 뱀을 줄 사람이 있겠느냐

11 너희가 악한 자라도 좋은 것으로 자식에게 줄줄 알거든 하물며
    하늘에 계신 너희 아버지께서 구하는 자에게 좋은 것으로 주시
    지 않겠느냐

빌립보서 4:6~7

6 아무 것도 염려하지 말고 오직 모든 일에 기도와 간구로, 너희
   구할 것을 감사함으로 하나님께 아뢰라

7 그리하면 모든 지각에 뛰어난 하나님의 평강이 그리스도 예수
   안에서 너희 마음과 생각을 지키시리라

지금 여러분의 가장 큰 욕구와 필요는 무엇인가요?

그 욕구를 떠올릴 때, 하나님에 향해 드는 감정은 무엇인가요?

두 번째 시험

두 번째 시험은 "마귀에게 엎드려 경배하면 모든 것을 네게 주겠
다"라는 것입니다.

마태복음 4:8~10

8 마귀가 또 그를 데리고 지극히 높은 산으로 가서 천하 만국과
   그 영광을 보여

9 가로되 만일 내게 엎드려 경배하면 이 모든 것을 네게 주리라

10 이에 예수께서 말씀하시되 사단아 물러가라 기록되었으되 주
   너의 하나님께 경배하고 다만 그를 섬기라 하였느니라

누가복음 4:5~8

5 마귀가 또 예수를 이끌고 올라가서 순식간에 천하 만국을 보이며

6 가로되 이 모든 권세와 그 영광을 내가 네게 주리라 이것은 내
   게 넘겨준 것이므로 나의 원하는 자에게 주노라

7 그러므로 네가 만일 내게 절하면 다 네 것이 되리라

8 예수께서 대답하여 가라사대 기록하기를 주 너의 하나님께 경
   배하고 다만 그를 섬기라 하였느니라

예수님은 이미 온 땅의 주인이시며 왕 중의 왕이십니다. 그분 안에
는 모든 영광과 존귀가 있습니다. 히브리서 2장 9절은 "오직 우리
가 천사들보다 잠깐 못하게 하심을 입은 자 곧 죽음의 고난 받으심
을 인하여 영광과 존귀로 관 쓰신 예수를 보니, 이를 행하심은 하
나님의 은혜로 말미암아 모든 사람을 위하여 죽음을 맛보려 하심
이라"라고 말합니다. 예수님은 우리의 구원을 위해 잠시 사람의 모
습으로 오셨을 뿐입니다. 그는 하나님 아버지의 계획에 따라 영광

과 존귀의 자리가 아닌, 수치와 고난의 십자가를 선택하셨습니다.

이런 상황을 잘 아는 마귀는 먼저 예수님을 지극히 높은 곳으로 이끌고 올라가 순식간에 천하만국과 그 영광을 보여줍니다. 이 시험의 핵심은 '보이는 것'으로 하는 현혹이며, 보이지 않는 하나님의 약속을 믿는 대신 당장 눈앞에 보이는 것을 취하라는 유혹입니다. 마귀는 하나님이 이미 주신 약속이 있음에도 그것이 멀리 있어 보이지 않고 만져지지 않으니 가까이 있는 눈앞의 것을 선택하라고 말합니다.

마귀가 이어서 하는 말은 더 가관입니다. "이 모든 권위와 그 영광을 내가 네게 주리라 이것은 내게 넘겨준 것이므로 내가 원하는 자에게 주노라 그러므로 네가 만일 내게 절하면 다 네 것이 되리라"라고 말합니다.

이 시험의 핵심은 우상숭배입니다. 우상은 그럴듯합니다. 마치 자신이 가장 영향력 있는 존재인 듯, 우리가 원하는 것을 모두 줄 수 있는 존재인 듯 속여 우리를 미혹합니다. 여기서도 마귀는 "모든 나라의 권세와 영광이 자신에게 주어졌으며, 자신이 원하는 사람에게 줄 수 있다"라고 말합니다. 그러나 이는 명백한 거짓입니다. 온 세상의 유일한 주권자는 우리 하나님 아버지이시며, 아버지는 마귀에게 천하만국의 권세를 넘겨주신 적이 없습니다. 마귀가 천하만국과 그 영광을 보여주었다고 해서 그것을 소유한 자는 아닙니다.

마귀의 진짜 의도는 영광을 주려는 것이 아닙니다. 애초에 그럴 능력도 없고요. 이 시험의 목적은 예수님을 포함한 사람들을 마귀 자신에게 종노릇하게 하려는 데 있습니다. 마귀는 예수님에게 이렇게 속삭입니다. "당신은 왕으로 왔잖아. 하지만 그 영광은 지금 내가 가지고 있어. 내가 보여주는 것을 봐. 진짜지? 내가 줄 수 있다니까. 그러니까 나한테 절해."라고요.

예수님은 마귀의 유혹에 흔들리지 않고, 단호히 "기록된 바 주 너의 하나님께 경배하고 다만 그를 섬기라 하였느니라"라고 말씀하십니다. 예수님은 누가 천하만국의 권세를 가진 자인지 혼동하지 않으셨습니다. 하나님의 아들인 자신에게 예비된 영광을 의심하지도 않으셨습니다. 예수님의 관심은 현재의 영광이 아니라, 언제나 하나님을 경배하는 데 있었습니다.

우리 그리스도인은 예수님 안에서 모든 축복을 이미 받은 사람들입니다. 그러나 우리의 삶에서도 마귀는 여전히 보이는 우상을 통해 우리를 유혹합니다. 하지만 우리는 당장의 이익을 위해 보이는 우상을 섬기는 대신, 보이지 않지만 살아 계신 하나님을 섬기는 삶을 선택할 수 있습니다.

에베소서 1:3~6

3 찬송하리로다 하나님 곧 우리 주 예수 그리스도의 아버지께서 그
리스도 안에서 하늘에 속한 모든 신령한 복으로 우리에게 복 주시되

4 곧 창세 전에 그리스도 안에서 우리를 택하사 우리로 사랑 안에
서 그 앞에 거룩하고 흠이 없게 하시려고

5 기쁘신 뜻대로 우리를 예정하사 예수 그리스도로 말미암아 자
기의 아들들이 되게 하셨으니

6 이는 그의 사랑하시는 자 안에서 우리에게 거저 주시는바 그의
은혜의 영광을 찬미하게 하려는 것이라

히브리서 11:6
믿음이 없이는 기쁘시게 못하나니 하나님께 나아가는 자는 반드시
그가 계신 것과 또한 그가 자기를 찾는 자들에게 상 주시는 이심을
믿어야 할찌니라

우리의 일상에서 살아계신 하나님을 섬기는 삶을 선택한다는 건
어떤 걸까요?

세 번째 시험

세 번째 시험은 "네가 만일 하나님의 아들이거든 뛰어내리라"라는
것입니다.

마태복음 4:5~7

5 이에 마귀가 예수를 거룩한 성으로 데려다가 성전 꼭대기에
   세우고

6 가로되 네가 만일 하나님의 아들이어든 뛰어내리라 기록하였으
   되 저가 너를 위하여 그 사자들을 명하시리니 저희가 손으로 너
   를 받들어 발이 돌에 부딪히지 않게 하리로다 하였느니라

7 예수께서 이르시되 또 기록되었으되 주 너의 하나님을 시험치
   말라 하였느니라 하신대

누가복음 4:9~12

9 또 이끌고 예루살렘으로 가서 성전 꼭대기에 세우고 가로되
   네가 만일 하나님의 아들이어든 여기서 뛰어 내리라

10 기록하였으되 하나님이 너를 위하여 그 사자들을 명하사 너를
   지키게 하시리라 하였고

11 또한 저희가 손으로 너를 받들어 네 발이 돌에 부딪히지 않게
   하시리라 하였느니라

12 예수께서 대답하여 가라사대 말씀하기를 주 너의 하나님을 시
   험치 말라 하였느니라

예수님은 척박한 광야에서 아버지의 뜻과 본심을 믿고 말씀에 의
지하여 시험을 이겨내고 계셨습니다. 그런데 마귀는 이제 하나님
의 말씀을 인용하며 예수님을 시험합니다. 시편 91편 11~12절 말

씀[1]을 인용하며 말합니다. "네가 만일 하나님의 아들이어든 뛰어 내리라 기록하였으되 저가 너를 위하여 그 사자들을 명하시리니 저희가 손으로 너를 받들어 발이 돌에 부딪히지 않게 하리로다 하였느니라"라고요. "네가 그렇게 믿는 말씀이 있잖아? 그 말씀 이 진짜라면 한 번 시험해봐. 네가 하나님의 아들이라면, 하나님 이 약속대로 너를 지키실 테니 뛰어내려 봐."가 마귀가 실제 하고 싶은 말이었을 것입니다.

이 시험의 핵심은 말씀 오용입니다. 마귀는 자의적으로 말씀을 갖 다 붙이며 자신의 이익을 추구합니다. 말씀을 함부로 인용하며 하 나님의 뜻이 아닌 자신의 뜻을 이루려고 합니다. 마귀가 인용한 시편 91편 말씀을 한번 함께 읽어봅시다. 11~12절 말씀은 누구에 게 주신 약속인가요? 9절에 나오는 여호와를 나의 피난처로 삼은 사람, 여호와 하나님을 자신의 거처로 삼은 사람에게 주신 약속입 니다. 따라서 하나님의 아들인 예수님에게 약속된 말씀이 맞습니 다. 그러나 말씀의 목적은 우리가 하나님의 뜻에 순종하며 살도록 돕는 데 있습니다. 결코 우리 필요에 따라 유리한 구절을 끌어와 다른 사람을 우리 뜻대로 움직이기 위한 도구가 아닙니다. 마귀는 말씀을 자신의 이익을 위해 악용하려 했지만, 예수님은 말씀의 본

---

1) (시 91:11~12) 저가 너를 위하여 그 사자들을 명하사 네 모든 길에 너를 지키게 하심이라
저희가 그 손으로 너를 붙들어 발이 돌에 부딪히지 않게 하리로다

래 목적에 충실하셨습니다. 우리 역시 말씀을 이용하여 다른 사람을 조종하거나 상처 주는 데 사용해서는 안 됩니다.

이 시험의 또 다른 핵심은 말씀을 시험하려는 태도입니다. 예수님은 "주 너의 하나님을 시험하지 말라"라고 기록된 말씀을 인용하여 단호히 말씀하십니다. 예수님은 하나님의 약속은 시험하고 의심하는 대상이 아니라 믿는 대상임을 분명히 하셨습니다. 살다 보면 불안감에 휩싸일 때가 있습니다. 그럴 때면 말씀을 그저 믿는 것만으로는 부족하게 느껴집니다. 오히려 말씀을 내세워 하나님이 내 뜻대로 일하시기를 바라게 됩니다. 이때 기억해야 합니다. 하나님이 어떤 분이신지, 하나님 안에서 나는 누구인지, 그리고 예수님이 어떻게 광야에서의 시험을 통과하셨는지를요. 불안을 핑계로 하나님의 약속을 시험하려 해서는 안 됩니다.

> 이사야 14:10
> 그들은 다 네게 말하여 이르기를 너도 우리 같이 연약하게 되었느냐 너도 우리 같이 되었느냐 하리로다

여러분은 혹시 누군가가 성경을 인용해 건넨 말로 인해 마음이 힘들었던 경험이 있으신가요? 그 말에 대해 하나님은 어떻게 생각하실까요?

Abby's Letter

> **"** 욕구는 다 억눌러야 하나요? **"**

욕구는 나쁜 것일까요? 욕구는 감정처럼 인간이라면 자연스럽게 일어나는 중립적인 것 아닐까요? 그런데 왜 우리는 종종 '욕구'라는 단어를 금기어처럼 느낄까요?

이러한 태도는 우리 사회의 유교 문화적 영향 때문일 수 있습니다. 또는 욕구를 채우는 과정에서 다른 사람을 이용하거나, 스스로를 파괴하는 방식을 봐왔기 때문일지도 모릅니다.

예수님은 이 땅에 계실 때 자신의 욕구를 무시하지 않으셨습니다. 다만 삶의 맥락에 따라 욕구를 다루는 방식을 선택하셨습니다. 평소의 일상에서는 배고플 때 식사하시고 밤이 되면 주무셨습니다. 하지만 마귀의 시험이라는 맥락에서는 돌로 빵을 만들어 먹는 대신 하나님을 먼저 기억하셨습니다. 십자가 죽음이 가까워지던 시기에는 주무시는 대신 산에 올라가 밤새도록 기도하셨습니다. 예수님은 욕구 자체를 억누르거나 부정하지 않으셨습니다. 오히려 상황에 맞는 방식으로 다루며, 하나님의 뜻 안에서 욕구를 조화롭게 처리하셨습니다.

여러분의 욕구는 어떻게 다뤄지고 있나요? 여러분은 그동안 어떤 욕구를 억누르고 살아오셨나요? 그렇게 해야 했던 상황은 무엇이었나요? 앞으로는 죄를 짓는 것이 아니라면, 무조건 참는 대신 맥락에 맞는 방식으로 욕구를 다루는 방법을 찾아보세요. 특히 자신을 돌보는 것과 관련된 욕구는 더욱 세심히 살펴보길 권합니다. 우리가 자신을 스스로 잘 돌볼 때, 그 힘으로 다른 사람도 돌볼 수 있습니다. 이것이 건강하고 지속 가능한 방법입니다.

Chapter 3

병 고치신
예수님,
치유 중 보이신 본심

예수님은 공생애 기간 동안 주로 회당에서 가르치시고, 천국 복음을 전하시며, 병든 자를 치유하셨습니다. 예수님이 베푸신 기적 중 치유 사역이 가장 큰 비중을 차지하는데, 이는 당시 시대의 필요를 반영한 것으로 보입니다. 예수님 시대에는 적절한 의료 혜택을 받기 어려웠으며, 근거 없는 민간요법이 성행했습니다. 또한 질병을 하나님의 심판으로 여기는 시각도 있었습니다. 특히 가난한 사람들과 율법에서 부정하다고 언급된 병에 걸린 사람들은 철저히 사회에서 소외된 약자들이었습니다.

이번 장에서는 가장 많은 치유 사역을 기록하고 있는 마가복음을 중심으로, 예수님이 병든 사람들을 만나 어떻게 그들을 치유하셨는지 살펴보려 합니다. 치유 중 보이신 예수님의 모습을 세밀히 따라가며 예수님의 마음을 헤아려 보려 합니다.

먼저 마가복음에 대해 알아봅시다. 마가복음은 마가가 로마 황제의 핍박 가운데 있던 로마 기독교인들에게 쓴 책입니다. 사복음서 중 가장 짧은 책으로, 마치 뉴스 속보처럼 강렬하게 사건 중심으로 예수님을 소개합니다. 그래서 '곧', '즉시', '바로'와 같은 단어가 자주 등장합니다. 마가는 예수님의 모습을 생생하게 기록하며 예수님이 실제 누구신지 드러내고, 그 예수님이 현재 삶에 영향력을 미치시는 분임을 전합니다.

마가복음은 "하나님의 아들 예수 그리스도의 복음의 시작이라"라는 말로 시작합니다. 마가복음의 독자인 로마 기독교인들에게 '복음'이란 단어는 지금 우리가 아는 의미와는 다른 의미로 익숙했습니다. 로마 황제가 무언가를 선포할 때, "황제의 복음이다!"라는 표현을 사용했기 때문입니다. 이는 우리나라 조선시대의 "어명이오!"와 비슷한 의미로, 황제의 복음 선포는 즉시 로마 시민들의 삶에 영향을 미쳤습니다. 마가는 이러한 사실에 착안해 마가복음의 첫 구절에 '그리스도의 복음'이란 단어를 사용했을 겁니다. 하나님의 말씀 한 구절 한 구절이 그리스도인들의 삶에 직접적인 영향을 미치기를 기대하면서 말입니다. 마가복음은 고난 중에 있는 사람들에게 예수 그리스도가 바로 지금 여기 계시고, 그분은 우리의 편이며, 우리를 적극적으로 도우시는 분이라는 좋은 소식을 전하는 책입니다.

이제부터 마가복음에 나오는 두 가지 치유 사역을 자세히 들여다보겠습니다.

1. 나병환자를 고치심: 예수님 행동의 순서

마가복음 1:40~45

40 한 문둥병자가 예수께 와서 꿇어 엎드리어 간구하여 가로되 원하시면 저를 깨끗케 하실 수 있나이다

41 예수께서 민망히 여기사 손을 내밀어 저에게 대시며 가라사대 내가 원하노니 깨끗함을 받으라 하신대

42 곧 문둥병이 그 사람에게서 떠나가고 깨끗하여진지라

43 엄히 경계하사 곧 보내시며

44 가라사대 삼가 아무에게 아무 말도 하지 말고 가서 네 몸을 제사장에게 보이고 네 깨끗케 됨을 인하여 모세의 명한 것을 드려 저희에게 증거하라 하셨더니

45 그러나 그 사람이 나가서 이 일을 많이 전파하여 널리 퍼지게 하니 그러므로 예수께서 다시는 드러나게 동네에 들어가지 못하시고 오직 바깥 한적한 곳에 계셨으나 사방에서 그에게로 나아오더라

나병환자의 처지

나병은 당시 다양한 피부병을 총칭하는 병이었습니다. 나병은 하나님의 진노로 인해 생기는 병으로 여겨졌으며, 오직 제사장만이 나병을 진단할 수 있었습니다. 나병에 걸린 사람은 자신이 나병환자임을 알린 후 사람들과 격리되어 진영 밖에서 살아야 했습니다. 옆에 누군가 지나가면 그들이 자신에게 닿아 부정해지지 않도록 "부정하다, 부정하다"라고 스스로 외쳐야 했습니다. 만약 나병이 나았다면 제사장에게 보이고 정결례를 행한 뒤에야 다시 사회의 구성원이 될 수 있었습니다. 이러한 처지에서 나병환자가 느꼈던 고통은 단지 병으로 인한 육체적 아픔만이 아니었을 것입니다.

나병환자의 심정

"한 나병환자가 예수께 와서 꿇어 엎드려 간구하여 가로되 원하시
면 저를 깨끗케 하실 수 있나이다"

아무에게도 다가가면 안 되는 부정한 존재로 늘 사람들과 거리를
두고 격리되어 살던 한 나병환자가 예수님께 나와 꿇어 엎드려 간
구합니다. "원하시면 저를 깨끗하게 하실 수 있나이다"라고 하면
서 말입니다.

앞서 살펴본 나병환자의 처지를 생각할 때, 이 말을 하는 나병환
자의 심정은 어땠을까요?

주변 사람들은 늘 나병환자를 피하기에 급급했습니다. 사람들은
나병환자의 아픔과 외로움 보다 자신이 부정해지지 않는 것을 더
중요하게 여겼습니다. 이런 상황에서 나병환자 역시 사람들을 피
해 다녔을 겁니다. 사람들 곁에 가면 스스로 "부정하다 부정하다"
라고 외쳐야 하는 상황도 견디기 힘들었을 거고요.

그렇게 고립된 채 하루하루 살아가던 어느 날 나병환자의 귀에 예
수님이 많은 기적을 베푸신다는 소문이 들려옵니다. 이야기를 들으

면 들을수록 예수님이라면 자신도 고치실 수 있겠다는 희망이 생깁니다. 그래서 예수님이 지나가실 때 용기를 내어 나아갑니다. 무릎을 꿇고 "원하시면"이라는 말과 함께 병을 고쳐 달라고 간구합니다.

나병환자는 "하실 수 있으시면"이라고 말하지 않았습니다. 그는 예수님의 능력을 의심하지 않았습니다. 다만 예수님이 자신 같은 사람을 신경 쓰실지, 자신을 고치기를 원하실지 확신하지 못했습니다.

예수님의 행동과 말

"예수께서 민망히 여기사 손 내밀어 저에게 대시며 가라사대 내가 원하노니 깨끗함을 받으라 하시니"

예수님은 자신에게 나아온 나병환자를 보자마자 안타까운 마음으로 손을 내밀어 그에게 대셨습니다. 그 후에 "내가 원하노니 깨끗함을 받으라"라고 말씀하시며 나병환자의 병을 고치셨습니다.

예수님이 율법을 모르실 리 없는데, 행동의 순서가 이상하지 않나요? 율법을 지키는 유대인이라면, 부정해지지 않기 위해 먼저 나병을 치료하신 후 나병환자를 만지셨어야죠. 예수님은 병을 고치실 능력이 있는 분이시니까요. 그러나 예수님은 그렇게 하지 않으셨습니다. 예수님에게는 단순히 나병환자의 병을 고치는 것보다 더 중요한 것이 있었습니다.

예수님은 나병환자의 마음속 깊은 상처를 보듬어 그를 온전히 회복시키기 위해, 나병환자가 오랫동안 경험하지 못했을 온기 가득한 손길로 먼저 다가가셨습니다. 나병환자는 예수님이 손을 내밀어 자신에게 대셨을 때 얼마나 놀랐을까요? 자신을 '부정한 존재'가 아닌 '아픈 존재'로 받아주는 사람을 만났다는 사실이 얼마나 큰 위로였을까요? 그 뒤에 들려오는 명확하고 또렷한 "내가 원하노니"라는 예수님의 음성은 또 얼마나 반가웠을까요? 나병환자는 물론 주변에 있는 모든 사람이 함께 듣고 알았을 것입니다. 예수님이 나병환자에게 관심을 가지고 계신다는 사실을 말입니다. 예수님의 "내가 원하노니"라는 말씀은 그의 육체와 마음 모두를 회복시키는 강력한 선언이었습니다. 예수님은 그의 병을 고치는 동시에 마음의 깊은 상처까지도 치유하셨습니다.

예수님이 나병환자에게 손을 내미신 행동에서 우리는 하나님의 본래 의도대로 해석된 율법을 볼 수 있습니다. 예수님은 사람이 해석한 율법에 얽매이지 않고 자신 안에 가득한 긍휼의 마음으로 율법을 주신 하나님의 본심을 드러내셨습니다. 육체로 오신 제약을 활용하여 사람들에게 하나님의 마음과 생각과 의도를 온전히 전하셨습니다. 하나님은 사람을 살리고 지키기 위해 율법을 주셨으며, 한 영혼도 잃지 않기를 바라셨습니다.

> "가라사대 삼가 아무에게 아무 말도 하지 말고 가서 네 몸을 제사장에게 보이고 네 깨끗케 됨을 인하여 모세의 명한 것을 드려 저희에게 증거하라 하셨더니"

예수님은 나병환자가 안전하게 가정과 사회로 돌아갈 수 있도록 율법에 따라 제사장에게 보이라고 말씀하셨습니다. 예수님은 하나님의 율법을 존중하는 동시에 우리가 처한 현실을 존중하시는 분이십니다.

여러분은 어떤 제약을 가지고 있나요?
그 제약으로 누구에게 다가가 무엇을 할 수 있을까요?

2. 혈루병 앓는 여인을 고치심: 예수님이 선택한 호칭

마가복음 5:25~34
25 열 두 해를 혈루증으로 앓는 한 여자가 있어
26 많은 의원에게 많은 괴로움을 받았고 있던 것도 다 허비하였으

되 아무 효험이 없고 도리어 더 중하여졌던 차에

27 예수의 소문을 듣고 무리 가운데 섞여 뒤로 와서 그의 옷에 손을 대니

28 이는 내가 그의 옷에만 손을 대어도 구원을 얻으리라 함일러라

29 이에 그의 혈루 근원이 곧 마르매 병이 나은 줄을 몸에 깨달으니라

30 예수께서 그 능력이 자기에게서 나간 줄을 곧 스스로 아시고 무리 가운데서 돌이켜 말씀하시되 누가 내 옷에 손을 대었느냐 하시니

31 제자들이 여짜오되 무리가 에워싸 미는 것을 보시며 누가 내게 손을 대었느냐 물으시나이까 하되

32 예수께서 이 일 행한 여자를 보려고 둘러 보시니

33 여자가 제게 이루어진 일을 알고 두려워하여 떨며 와서 그 앞에 엎드려 모든 사실을 여짜온대

34 예수께서 가라사대 딸아 네 믿음이 너를 구원하였으니 평안히 가라 네 병에서 놓여 건강할찌어다

혈루병 앓는 여인의 처지 #1

혈루병은 끊임없이 하혈하는 부인병입니다. 구약에 따르면 하혈하는 여인은 부정한 상태로 간주되었으며, 그런 여인과 접촉한 사람도 부정해졌습니다. 하혈하는 여인은 모든 사람이 참여하는 절기나 제사에 참여할 수 없고, 성전에도 들어갈 수 없었습니다. 본

문의 여인은 무려 12년 동안이나 혈루증을 앓았습니다. 게다가 많은 의사의 근거 없는 민간요법으로 병은 더 악화되었고 치료비로 재산마저 모두 허비한 상황이었습니다. 사회적으로 소외된 삶은 그녀의 마음을 깊이 병들게 했을 것이며, 육체적으로는 극도의 고통 속에서 기진맥진한 상태였을 겁니다.

혈루병 앓는 여인의 심정 #1

"예수의 소문을 듣고 무리 가운데 섞여 뒤로 와서 그의 옷에 손을 대니 이는 내가 그의 옷에만 손을 대어도 구원을 얻으리라 함일러라"

이 여인은 예수님의 소문을 듣고, 예수님의 옷에만 손을 대어도 병이 나으리라 생각합니다. 12년 동안 부정한 여자로 낙인찍혀 살아온 그녀에게 사람들 가운데 나아간다는 것은 무섭고 두려운 일이었지만 용기를 냈습니다. 힘들게 무리 속에 끼어들었으나 사람들 앞에 나설 수 없어 뒤에서 조용히 예수님의 옷자락을 만집니다. 그 순간 병이 즉시 나았습니다.

"예수께서 그 능력이 자기에게서 나간 줄을 곧 스스로 아시고 무리

가운데서 돌이켜 말씀하시되 누가 내 옷에 손을 대었느냐 하시니
여자가 제게 이루어진 일을 알고 두려워하여 떨며 와서 그 앞에 엎
드려 모든 사실을 여짜온대"

예수님은 누군가가 믿음으로 자신에게 다가와 치유받았음을 곧
아시고 "누가 내 옷에 손을 대었느냐"고 물으셨습니다. 계속해서
찾으시는 예수님 앞에서 여인은 너무 두려웠습니다. 군중 속에 들
어온 것만으로도 엄청난 비난을 받을 텐데, 접촉해서는 안 되는
경건한 유대인인 예수님의 옷을 만진 사실까지 밝혀지면 어떤 일
을 당할지 몰라 온몸이 떨렸습니다. 하지만 그녀는 자신이 예수님
의 옷을 만진 사람임을 밝히고 모든 사실을 고백했습니다.

예수님의 행동과 말 #1

"무리 가운데서 돌이켜 말씀하시되 누가 내 옷에 손을 대었느냐 하시니 제자들이 여쭈오되 무리가 에워싸 미는 것을 보시며 누가 내게 손을 대었느냐 물으시나이까 하되 예수께서 이 일 행한 여자를 보려고 둘러 보시니"

예수님은 그 여인의 사정을 충분히 이해하셨습니다. 믿음으로 간절히 다가왔으나 공개적으로 나서기 어려운 사정임을 아셨습니다. 그럼에도 예수님은 무리 가운데 돌이켜 서서 끝까지 그 여인을 찾으셨습니다. 왜일까요? 예수님에게 그녀는 단순히 옷자락에 스친 누군가가 아니라, 간절한 마음으로 자신에게 나아온 소중한 존재였기 때문입니다.

조금 더 깊이 이 장면을 살펴보겠습니다.

마가복음 5:21~24

21 예수께서 배를 타시고 다시 저편으로 건너 가시매 큰 무리가 그에게로 모이거늘 이에 바닷가에 계시더니

22 회당장 중 하나인 야이로라 하는 이가 와서 예수를 보고 발 아래 엎드리어

23 많이 간구하여 가로되 내 어린 딸이 죽게 되었사오니 오셔서 그 위에 손을 얹으사 그로 구원을 얻어 살게 하소서 하거늘

24 이에 그와 함께 가실쌔 큰 무리가 따라가며 에워싸 밀더라

누가복음 8:41~44
41 이에 회당장인 야이로라 하는 사람이 와서 예수의 발 아래 엎드
   려 자기 집에 오시기를 간구하니
42 이는 자기에게 열 두살 먹은 외딸이 있어 죽어감이러라 예수께
   서 가실 때에 무리가 옹위하더라
43 이에 열 두 해를 혈루증으로 앓는 중에 아무에게도 고침을 받지
   못하던 여자가
44 예수의 뒤로 와서 그 옷가에 손을 대니 혈루증이 즉시 그쳤더라

혈루병 앓는 여인의 처지 #2

혈루병을 앓던 여인이 예수님을 만난 것은 예수님이 회당장 야이
로의 딸을 고치러 가는 길목에서였습니다. 회당장은 유대 공동체
에서 존경받는 지도자였으며, 야이로에게는 열두 살 된 외동딸이
있었습니다. 야이로는 죽어가는 딸을 위해 예수님께 엎드려 자신
의 집에 오셔서 딸을 고쳐달라고 간구했고, 예수님은 그의 간구에
답해 야이로의 집으로 가던 중이었습니다.

혈루병 앓는 여인의 심정 #2

혈루병을 앓는 12년 동안 여인의 가족과 이웃은 모두 그녀에게서

멀어졌습니다. 혼자 지칠 대로 지친 병든 몸을 이끌고 예수님을 찾아가는 중, 예수님과 큰 무리가 함께 몰려오는 모습을 봅니다. 사람들의 대화를 들어보니 예수님은 지금 회당장 야이로의 딸을 고치러 가시는 중이라고 합니다. 그녀는 아마 이렇게 느꼈을지도 모릅니다. '내 병도 누군가 대신 간구해 줄 사람이 있었다면... 군중 속으로 들어오는 들어오는 이 위험을 나 혼자 감수하지 않아도 됐을 텐데'라고요. 또 '야이로의 딸이라니. 나는 누구의 딸로 불린 게 언제였지?'라는 생각을 했을 수도 있습니다. 부정하고 더러운 여자로 불려온 지 벌써 12년이 되었으니까요.

예수님의 행동과 말 #2

> "예수께서 이르시되 딸아 네 믿음이 너를 구원하였으니 평안히 가라 네 병에서 놓여 건강할지어다"

예수님은 여인을 끝까지 찾으셨습니다. 마침내 여인이 나와 자신의 처지와 일어난 모든 일을 말했을 때, 예수님은 그녀의 이야기를 다 들으셨습니다. 군중 중 일부는 "저 부정한 여자가 우리 사이에 있었다니"라며 수군거렸을지도 모릅니다. 그러나 예수님은 그녀의 고백에 귀 기울이셨습니다.

모든 이야기를 들으신 후, 예수님이 처음 하신 말씀은 "딸아"였습니다. 이 여인은 신약성경에서 예수님이 "딸아"라고 부르신 유일한 사람입니다. 예수님이 사용하신 "딸"이라는 단어는 야이로가 그의 외동딸을 부를 때 사용한 것과 동일한 표현입니다. 예수님은 이 여인이 12년 동안 어떤 말을 듣고 어떤 취급을 받았는지 아셨습니다. 늘 무시당하고, 여자로 존중받지 못한 삶을 살아왔을 여인에게 "딸아"라고 부르셨습니다. 마치 야이로가 자신의 딸을 사랑하는 것처럼 하나님이 그녀를 얼마나 깊이 사랑하시는지 알려 주고 싶으셨을 겁니다. 이어서 "너의 믿음이 너를 구원하였으니 평안히 가라 네 병에서 놓여 건강하라"고 말씀하셨습니다. 모두에게 외면받고 두려움으로 온몸을 떨던 여인은 모두 앞에서 믿음의 여인이 되어 건강히 돌아갑니다.

예수님은 우리가 미처 구하지 못한 것까지, 우리가 꺼내지 못한 말까지 아시고, 우리의 영혼과 육체를 모두 회복시키는 분이십니다. 혈루병을 앓던 여인은 예수님의 말씀과 행동을 통해, 육체적 고통뿐 아니라 마음의 상처와 소외감까지 치유받았습니다. 예수님은 그녀를 하나님의 사랑받는 딸로 회복시키셨습니다.

예수님은 여러분을 어떻게 부르실까요?
여러분은 예수님이 여러분에게 어떻게 다가와 주시면 좋겠나요?

> **"** 구해도 안 들어주실 것 같고,
> 안 들어주시면 상처받을 것 같은데 구해야 하나요? **"**

혹시 병이 낫기를 기도했지만 나아지지 않았거나, 친구나 가족이 죽지 않기를 간절히 기도했는데 결국 그 일이 일어난 경험이 있으신가요? 그래서 하나님께 무언가를 구하기가 여전히 힘드신가요?

그렇다면 '어서 마음을 추스르고 다시 기도해야 해'하며 스스로를 다그치지 않아도 괜찮습니다. '이 아픔을 하나님이 선하게 사용하실 거야'라며 자신을 억지로 설득하려고 애쓰지 않아도 되고요. 아직은 동의되지 않는 말을 되뇌는 대신, 기도가 안된다면 기도가 안된다고 하나님께 솔직히 이야기해보세요. 하나님은 우리의 아픔을 아시고, 우리가 그분께 나아갈 때까지 기다려주시는 분입니다. 그분이 하시는 일을 잠잠히 바라볼 수 있는 시간을 스스로에게 허락해주세요.

여러분의 지인이 이러한 상황에 처해 있다면, 그 슬픔과 상처의 깊이를 가늠하기 어려운 것을 인정하고 그저 옆에 머물며 중보하기를 권합니다. 상대방을 향한 긍휼의 마음과 하나님의 크신 섭리를 인정하는 마음을 품고요. 중보기도를 하는 상황은 종종 너무나 절박해서 무력감을 느끼기도 하는데요. 이때 '아브라함의 하나님, 야곱의 하나님, 이삭의 하나님'을 부를 수 있어야 합니다. 우리가 다 이해할 수 없지만 세대를 뛰어넘어 영원한 시간 속에서 완벽하게 역사하시는 하나님을요.

Chapter 4

거절당하신 예수님, 거절에 휘둘리지 않는 대응

예수님은 사람들에게 자주 거절당하셨습니다. 특히 메시아를 오래도록 기다려 온, 구약 성경을 가까이 했던 사람들조차 예수님을 알아보지 못하고 믿지 않았습니다.

이번 장에서는 예수님이 바리새인과 서기관들에게 어떤 거절을 당하셨고, 그들의 거절에 어떻게 대응하셨는지 살펴보겠습니다. 믿지 않는 사람의 신앙에 대한 비난은 때로 '모르니까 그럴 수 있다'라고 여길 수 있지만, 믿는 사람의 공격은 어떻게 대처해야 할지 난감할 때가 많습니다. 바리새인과 서기관들의 모습을 통해 우리 삶에서 되돌아볼 부분은 없는지 생각해 보고, 예수님의 대응에서 거절을 바르게 다루는 지혜를 얻을 수 있기를 바랍니다.

먼저 바리새인과 서기관에 대해 알아보겠습니다. 바리새인은 이스라엘의 정체성과 하나님의 언약 백성으로서의 사명에 대해 독특한 비전을 물려받은 유대교 분파입니다. 그들은 '조상들'에게서 물려받은 '전통'을 중시했고, 전통에 따라 율법을 철저히 준수하고 해석하는 일에 열정을 가졌습니다. 서기관은 율법을 전문적으로 해석하고 가르치는 사람으로, 예수님 시대에 법률가, 신학자, 전통의 수호자로 활동했습니다.

바리새인과 서기관은 모두 당시 종교 지도자로 율법과 가장 가까운 사람들이었습니다. 그러나 그들은 엄청나게 많은 종교 전통을 규정하고 논의하는 데 대부분의 시간을 썼습니다. 그 과정에서 사람이 만든 전통에 매달린 나머지 성경에 담긴 하나님의 뜻과 의도, 심정을 놓치는 일이 많았습니다.

이제부터 복음서에 나오는 예수님이 당하신 거절과 그에 대한 대응을 세 가지 유형으로 나누어 들여다보겠습니다.

1. 거절 유형: 자신의 논리로 판단 →
   거절 대응: 생각을 바꿀 수 있는 계기를 주심

누가복음 5:17~26

17 하루는 가르치실 때에 갈릴리 각 촌과 유대와 예루살렘에서 나
온 바리새인과 교법사들이 앉았는데 병을 고치는 주의 능력이
예수와 함께하더라

18 한 중풍병자를 사람들이 침상에 메고 와서 예수 앞에 들여놓고
자 하였으나

19 무리 때문에 메고 들어갈 길을 얻지 못한지라 지붕에 올라가 기와
를 벗기고 병자를 침상채 무리 가운데로 예수 앞에 달아 내리니

20 예수께서 저희 믿음을 보시고 이르시되 이 사람아 네 죄 사함을
받았느니라 하시니

21 서기관과 바리새인들이 의논하여 가로되 이 참람한 말을 하는
자가 누구뇨 오직 하나님 외에 누가 능히 죄를 사하겠느냐

22 예수께서 그 의논을 아시고 대답하여 가라사대 너희 마음에 무
슨 의논을 하느냐

23 네 죄 사함을 받았느니라 하는 말과 일어나 걸어 가라 하는 말
이 어느 것이 쉽겠느냐

24 그러나 인자가 땅에서 죄를 사하는 권세가 있는 줄을 너희로 알
게 하리라 하시고 중풍병자에게 말씀하시되 내가 네게 이르노
니 일어나 네 침상을 가지고 집으로 가라 하시매

25 그 사람이 저희 앞에서 곧 일어나 그 누웠던 것을 가지고 하나
님께 영광을 돌리며 자기 집으로 돌아가니

26 모든 사람이 놀라 하나님께 영광을 돌리며 심히 두려워하여 가
로되 오늘날 우리가 기이한 일을 보았다 하니라

예수님이 베푸시는 여러 기적으로 인해 많은 사람이 예수님을 따랐습니다. 이는 당시 종교 지도자였던 서기관과 바리새인들의 적대적 관심을 끌 만했습니다. 앞에 나온 성경 본문을 보면 중풍병자를 고치시는 곳에 모인 무리 가운데 서기관과 바리새인들도 있었습니다. 이 상황에서 예수님은 죄 사함을 선언하십니다. 이는 죄의 용서가 제사와 의식이 아닌 믿음으로 주어짐을 밝히신 겁니다. 또한 죄를 사하는 권세가 있다는 예수님의 발언은 자신의 정체성을 드러내신 것입니다.

무리는 병 고침의 기적에 집중했지만, 말씀에 정통한 서기관과 바리새인들은 예수님의 말씀에 주목했습니다. 그들은 율법에 대한 지식으로 예수님의 말씀을 정확히 이해했음에도 불구하고, 예수님을 받아들이지 않고 오히려 판단했습니다. 겉으로 드러내지는 않았지만, 마음속으로 예수님을 신성 모독한 자로 여겼습니다. 무리 중에서 예수님의 말씀을 가장 잘 이해할 수 있었던 사람들이었음에도, 자신들의 이익과 논리에 갇혀 예수님을 판단하며 거절했습니다.

예수님은 자신의 논리로 판단하며 거절하는 사람들에게 생각을 바꿀 수 있는 계기를 주시는 방식으로 대응하셨습니다. 본문에서 예수님은 서기관과 바리새인의 마음속 생각을 모른 척하지 않고 대답해 주셨습니다. 너희 스스로 만든 논리에 갇혀 판단하지 말고, 내 말을 듣고 나의 행함을 보며 믿으라고 권면하십니다. 예수님은 단지 논쟁에 대응하신 것이 아니라, 그들에게 하나님을 경험할 기회를 주셨습니다. 그러나 서기관과 바리새인들은 끝내 자신의 고집을 내려놓지 못해, 다른 사람들과 함께 하나님께 영광을 돌리는 자리로 나아가지 못했습니다.

여러분은 자신만의 논리로 여러분을 판단하는 사람에게 휘둘리고 있진 않나요?

여러분을 거절하는 사람들의 논리는 무엇인가요?

여러분은 자신만의 논리로 누군가를 거절하고 있진 않나요?

2. 거절 유형: 가까운 사람들을 비난 →
거절 대응: 비난 중 놓친 본질을 다룸

마가복음 2:23~28

23 안식일에 예수께서 밀밭 사이로 지나가실쌔 그 제자들이 길을 열며 이삭을 자르니

24 바리새인들이 예수께 말하되 보시오 저희가 어찌하여 안식일에 하지 못할 일을 하나이까

25 예수께서 가라사대 다윗이 자기와 및 함께한 자들이 핍절되어 시장할 때에 한 일을 읽지 못하였느냐

26 그가 아비아달 대제사장 때에 하나님의 전에 들어가서 제사장 외에는 먹지 못하는 진설병을 먹고 함께한 자들에게도 주지 아니하였느냐

27 또 가라사대 안식일은 사람을 위하여 있는 것이요 사람이 안식일을 위하여 있는 것이 아니니

28 이러므로 인자는 안식일에도 주인이니라

마가복음 7:1~9

1 바리새인들과 또 서기관 중 몇이 예루살렘에서 와서 예수께 모였다가

2 그의 제자 중 몇 사람의 부정한 손 곧 씻지 아니한 손으로 떡 먹는 것을 보았더라

3 (바리새인들과 모든 유대인들이 장로들의 유전을 지키어 손을 부지런히 씻지 않으면 먹지 아니하며

4 또 시장에서 돌아 와서는 물을 뿌리지 않으면 먹지 아니하며 그 외에도 여러가지를 지키어 오는 것이 있으니 잔과 주발과 놋그릇을 씻음이러라)

5 이에 바리새인들과 서기관들이 예수께 묻되 어찌하여 당신의 제자들은 장로들의 유전을 준행치 아니하고 부정한 손으로 떡을 먹나이까

6 가라사대 이사야가 너희 외식하는 자에 대하여 잘 예언하였도다 기록하였으되 이 백성이 입술로는 나를 존경하되 마음은 내게서 멀도다

7 사람의 계명으로 교훈을 삼아 가르치니 나를 헛되이 경배하는
    도다 하였느니라

8 너희가 하나님의 계명은 버리고 사람의 유전을 지키느니라

9 또 가라사대 너희가 너희 유전을 지키려고 하나님의 계명을 잘
    저버리는도다

바리새인과 서기관은 메시아를 기다려왔음에도 예수님을 더 알기
위해 예수님께 나오지 않았습니다. 반대로 예수님을 비난할 거리
를 찾기 위해 늘 예수님 주위에 있었습니다. 그들은 예수님을 흠
집내기 위해 예수님과 가까운 사람들을 공격했습니다. 마가복음
2장을 보면 예수님의 제자들이 안식일을 지키지 않았다고 비난하
고, 마가복음 7장에서는 제자들이 부정한 손 곧 씻지 아니한 손으
로 떡을 먹는다며 지적합니다. 그들은 제자들이 율법을 어겼다고
비난했지만, 사실은 자신들의 전통을 따르지 않는 예수님을 비난
한 것이었습니다.

예수님은 자신과 가까운 사람들을 걸고넘어지며 자신을 거절하는
사람들에게, 그들이 던진 표면적 이슈가 아닌 본질을 건드리는 방
식으로 대응하셨습니다. 그들의 비난을 살펴보면, 율법 자체가 아
니라 율법에 덧붙인 자신들의 해석과 규율을 따르지 않음을 문제
삼고 있습니다. 예수님은 이를 아시고 그들의 비난하는 말에 휘둘

리지 않고 본질을 꿰뚫어 말씀하십니다. 본문에서 예수님은 "안식일에 무엇을 하고 무엇을 하면 안 되는가?"라는 그들의 관점을 새롭게 하려고 "안식일은 왜, 누구를 위해 있는 것인가?"라는 질문을 던지셨습니다. 또한 '장로들의 전통이 하나님의 율법을 지키기 위해 만들어졌음'을 상기시키시며, 그들이 '전통을 지키느라 하나님의 계명을 저버리고 있음'을 정확히 지적하셨습니다. 예수님의 대응은 단순히 비난을 물리치는 것을 넘어, 사람들이 하나님의 본심과 뜻을 깨닫도록 돕는 지혜를 담고 있었습니다.

거절당할 때, 우리가 기억해야 할 본질은 무엇일까요?

3. 거절 유형: 존재를 부정하고 왜곡 →
거절 대응: 적극적 맞대응

마태복음 12:22~30

22 그 때에 귀신들려 눈 멀고 벙어리 된 자를 데리고 왔거늘 예수께서 고쳐 주시매 그 벙어리가 말하며 보게 된지라
23 무리가 다 놀라 가로되 이는 다윗의 자손이 아니냐 하니
24 바리새인들은 듣고 가로되 이가 귀신의 왕 바알세불을 힘입지 않고는 귀신을 좇아내지 못하느니라 하거늘

25 예수께서 저희생각을 아시고 가라사대 스스로 분쟁하는 나라마다 황폐하여질 것이요 스스로 분쟁하는 동네나 집마다 서지 못하리라

26 사단이 만일 사단을 쫓아내면 스스로 분쟁하는 것이니 그리하고야 저의 나라가 어떻게 서겠느냐

27 또 내가 바알세불을 힘입어 귀신을 쫓아내면 너희 아들들은 누구를 힘입어 쫓아내느냐 그러므로 저희가 너희 재판관이 되리라

28 그러나 내가 하나님의 성령을 힘입어 귀신을 쫓아내는 것이면 하나님의 나라가 이미 너희에게 임하였느니라

29 사람이 먼저 강한 자를 결박하지 않고야 어떻게 그 강한 자의 집에 들어가 그 세간을 늑탈하겠느냐 결박한 후에야 그 집을 늑탈하리라

30 나와 함께 아니하는 자는 나를 반대하는 자요 나와 함께 모으지 아니하는 자는 헤치는 자니라

예수님이 귀신 들려 눈 멀고 말 못하는 사람을 고치자 사람들은 놀라움을 금치 못했습니다. 마태복음 12장 23절의 '놀라다'라는 표현은 정신을 잃을 정도로 너무 놀랐는데, 그 놀라움이 그치지 않고 계속 이어진다는 의미입니다. 본문에서 사람들은 예수님의 압도적인 권세를 목격하고 그를 다윗의 자손 메시아라고 고백합니다.

이 말을 들은 바리새인들은 화가 났습니다. 그들은 예수님이 자신들이 기대하던 메시아의 모습으로 오시지 않았고, 메시아를 열심히 기다린 자신들을 특별 대우해 주지도 않았기에 예수님이 메시

아가 아니기를 바랐습니다. 아니, 예수님은 메시아가 아니어야만 했습니다. 그래서 예수님이 메시아라는 사람들의 말에 예수님의 존재를 부정하고 왜곡하며 강하게 반대합니다. 바리새인들은 예수님의 권세를 사탄의 것으로 돌림으로써, 예수님을 하나님의 아들이 아닌 사탄의 종으로 만들어 버립니다. 그뿐 아니라 사람들이 예수님을 사탄이 만든 허수아비 메시아라고 생각하도록 유도합니다.

예수님은 자신의 존재를 부정하고 왜곡하며 잘못된 메시지로 사람들을 선동하는 이들에게 강하게 맞대응하십니다. 예수님은 "스스로 분쟁하는 나라마다 황폐하여질 것이요 스스로 분쟁하는 동네나 집마다 서지 못하리라 사단이 만일 사단을 쫓아내면 스스로 분쟁하는 것이니 그리하고야 저의 나라가 어떻게 서겠느냐"라고 답하시며 그들의 메시지를 정확히 반박하십니다. 거기서 그치지 않고 "내가 하나님의 성령을 힘입어 귀신을 쫓아내는 것이면 하나님의 나라가 이미 너희에게 임하였느니라 … 나와 함께 아니하는 자는 나를 반대하는 자요 나와 함께 모으지 아니하는 자는 헤치는 자니라"라고 말씀하시며, 다시는 그런 잘못된 메시지를 말하지 못하도록 단호하게 몰아붙이십니다.

존재를 부정하고 왜곡했을 때, 적극적으로 맞대응하셨던 예수님의 모습을 보며 어떤 생각과 마음이 드나요?

Abby's Letter

 그리스도인이라면 미움받고 거절당해도

계속 사랑해야 하나요?

그리스도인으로서 우리는 종종 '무조건적인 사랑'에 대한 압박을 느낍니다. 하지만 현실적으로 이것이 가능할까요? 사랑은 분명 그리스도인이 평생 따라가야 할 방향성입니다. 그러나 모든 사람을, 특히 우리를 미워하고 거절하는 사람들까지 항상 사랑하고 품어야 한다는 생각은 오히려 우리를 지치게 할 수 있습니다.

우리는 미움과 거절을 지혜롭게 다루어야 합니다. 끝까지 인내하며 품어야 할 대상과 때를 분별하는 것이 중요합니다. 하나님에게는 다양한 사랑의 방법과 구원의 계획이 있습니다. 꼭 우리가 아니더라도 함께 일할 사람들이 있습니다. 그러니 여러분이 모든 사람을 끝까지 사랑해야 한다는 부담감을 과도하게 가질 필요는 없습니다.

또한 모두에게 이해받고 사랑받으며 사는 것은 불가능하다는 사실을 인정해야 합니다. 예수님조차 이 땅에서 수많은 미움과 거절을 경험하셨고, 심지어 가장 가까운 제자 중 한 명인 가룟 유다에게 배신당하셨습니다.

인생을 살다 보면 어떤 관계는 잠시 내려놓고 다른 관계로 넘어가야 할 때가 있습니다. 때로는 관계에 거리를 두는 것도 필요하고요. 만약 누군가가 지속해서 여러분을 너무 힘들게 한다면, '그리스도인은 끝까지 사랑해야 한다'라는 의무감으로 그 사람 옆에 계속 머무르려 애쓸 필요는 없습니다. 대신 여러분을 환대하고 지지해 주는 사람들과 시간을 보내세요. 이는 이기적인 행동이 아니라, 자신을 돌보고 회복하며 힘을 얻기 위한 과정입니다.

사랑은 중요하지만, 그 사랑이 여러분을 해치거나 소진하지 않도록 주의하세요. 건강한 경계를 설정하고, 때로는 '그만'이라고 말할 줄 아는 것도 그리스도인의 지혜입니다. 이를 통해 우리는 더 지속 가능하고 진정성 있는 방식으로 타인을 사랑할 수 있게 됩니다.

Part 1을 마친 소감

나는 선한 목자라 선한 목자는 양들을 위하여
목숨을 버리거니와

요한복음 10:11

PART 2.

마지막으로 예루살렘에
올라가시는 때부터
부활까지

Chapter 5

예루살렘으로 올라가시는 예수님, 길 위에서 드러난 동상이몽

1. 굳게 결심하신 예수님

> 누가복음 9:51
> 예수께서 승천하실 기약이 차가매 예루살렘을 향하여 올라가기로
> 굳게 결심하시고

예수님은 때가 되자 십자가를 지시기 위해 예루살렘으로 올라갈 결심을 하십니다. 누가복음 9장 51절은 예수님이 '굳게' 결심하셨다고 기록합니다. 그 길은 "그냥 가자", "가기로 했으니 가자" 하며 쉽게 발걸음을 뗄 수 있는 길이 아니었습니다. 예수님에게도 의지를 세우고 마음을 다잡아야 내디딜 수 있는 걸음이었습니다.

그곳에 무엇이 기다리고 있었기에 예수님은 그렇게 굳게 결심하셔야 했을까요? 이번 장에서는 예수님이 제자들에게 처음으로 십자가 고난과 부활에 대해 말씀하시는 장면을 소개하겠습니다. 또한 그 이야기를 들은 제자들의 반응도 함께 살펴보겠습니다.

고난과 죽음, 그리고 부활

마태복음 16:15~18

15 가라사대 너희는 나를 누구라 하느냐

16 시몬 베드로가 대답하여 가로되 주는 그리스도시요 살아계신 하나님의 아들이시니이다

17 예수께서 대답하여 가라사대 바요나 시몬아 네가 복이 있도다 이를 네게 알게 한 이는 혈육이 아니요 하늘에 계신 내 아버지시니라

18 또 내가 네게 이르노니 너는 베드로라 내가 이 반석 위에 내 교회를 세우리니 음부의 권세가 이기지 못하리라

마태복음 16:21~24 *죽음과 부활을 첫 번째로 말씀하심

21 이때로부터 예수 그리스도께서 자기가 예루살렘에 올라가 장로들과 대제사장들과 서기관들에게 많은 고난을 받고 죽임을 당하고 제 삼일에 살아나야 할것을 제자들에게 비로소 가르치시니

22 베드로가 예수를 붙들고 간하여 가로되 주여 그리 마옵소서 이 일이 결코 주에게 미치지 아니하리이다

23 예수께서 돌이키시며 베드로에게 이르시되 사단아 내 뒤로 물러 가라 너는 나를 넘어지게 하는 자로다 네가 하나님의 일을

생각지 아니하고 도리어 사람의 일을 생각하는도다 하시고
24 이에 예수께서 제자들에게 이르시되 아무든지 나를 따라 오려
거든 자기를 부인하고 자기 십자가를 지고 나를 좇을 것이니라

'이때로부터' 예수님은 자신의 고난과 죽음, 그리고 부활을 말씀하기 시작하셨습니다. 여기서 '이때'는 베드로가 "주는 그리스도시요 살아 계신 하나님의 아들이시니이다"라고 고백한 직후입니다. 하나님은 베드로의 입을 통해 예수님이 그리스도이심을 선포하셨습니다. 그 말을 다 함께 들었지만, 제자들은 여전히 고난받는 종으로 오신 그리스도에 관한 이해가 없었습니다.

이런 제자들에게 예수님은 자신이 앞으로 당할 일을 설명하셨습니다. "자기가 예루살렘에 올라가 장로들과 대제사장들과 서기관들에게 많은 고난을 받고 죽임을 당하고 제 삼일에 살아나야 할 것"이라고 말씀하셨습니다. 예수님을 그리스도라 고백한 제자들이 예수님이 이 땅에 오신 목적과 제자로서 자신들의 사명에 대해 알기 원하셨습니다.

그러나 예수님의 말씀을 들은 제자들의 반응은 부정과 근심과 두려움이었습니다. 방금 예수님을 그리스도라 고백했던 베드로는

결코 그럴 수 없다고 항변했으며, 다른 제자들도 예수님의 말씀을 듣고 근심했습니다. 제자들이 기대한 메시아의 모습은 고난받고 죽임을 당하는 모습이 아니었기 때문이었습니다. 제자들은 강력한 왕권으로 이스라엘을 멋지게 회복할 메시아를 기대하고 있었습니다. 그런 그들은 예수님이 하신 말씀을 깨닫지도 못하고 더 묻기도 두려워했습니다.

부활 후 영광

마태복음 16:27~28
27 인자가 아버지의 영광으로 그 천사들과 함께 오리니 그 때에 각 사람의 행한대로 갚으리라
28 진실로 너희에게 이르노니 여기 서는 사람 중에 죽기 전에 인자가 그 왕권을 가지고 오는 것을 볼 자들도 있느니라

마태복음 17:1~4
1 엿새 후에 예수께서 베드로와 야고보와 그 형제 요한을 데리시고 따로 높은 산에 올라가셨더니
2 저희 앞에서 변형되사 그 얼굴이 해 같이 빛나며 옷이 빛과 같이 희어졌더라
3 때에 모세와 엘리야가 예수로 더불어 말씀하는 것이 저희에게 보이거늘
4 베드로가 예수께 여짜와 가로되 주여 우리가 여기 있는 것이 좋사오니 주께서 만일 원하시면 내가 여기서 초막 셋을 짓되 하

예수님은 제자들에게 자신의 죽음과 부활뿐만 아니라 부활 이후
의 영광에 대해서도 말씀하셨습니다. "장차 아버지의 영광으로 천
사들과 함께 왕권을 가지고 오실 것"이라는 말씀은 제자들에게 가
장 솔깃하고 인상 깊은 이야기 중 하나였을 겁니다.

이 말씀을 하시고 6일 후, 예수님은 세 제자를 데리고 산에 오르
셨습니다. 그곳에서 예수님은 제자들에게 변형된 모습을 보이셨
습니다. 해처럼 빛나는 얼굴로 빛같이 희어진 옷을 입고, 이스라
엘 역사상 가장 위대한 두 예언자인 모세와 엘리야와 대화를 나누
셨습니다. 예수님은 제자들에게 자신의 신성을 드러내셨으며, 왕
의 영광을 잠시 경험하게 하셨습니다.

예수님은 변화산 사건을 통해 제자들에게 위로와 확신을 주고자 하셨
습니다. 그러나 제자들은 이 광경을 마주하며, 예수님이 곧 신적 권위
로 이스라엘을 구원하실 것이라 기대했던 것 같습니다. 그들은 여전
히 예수님의 고난과 죽음의 의미를 완전히 이해하지 못했습니다.

예수님이 예루살렘에 마지막으로 올라가실 준비를 하시며 전하신

메시지는 크게 두 가지로 요약할 수 있습니다. 첫째는 고난과 죽음, 둘째는 그 이후의 부활과 영광입니다. 이 두 가지는 예수님이 걸어가신 길이자, 교회와 그리스도인이 걸어가야 할 길의 핵심을 그대로 보여줍니다. 우리 그리스도인에게 고난과 영광은 언제나 함께합니다. 둘 중 하나만 선택할 수 없습니다. 우리는 믿음과 이웃을 위해 고난을 선택하는 동시에 언약의 성취로 받을 부활과 영광의 상을 기대해야 합니다.

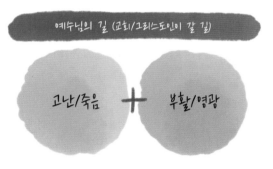

예수님의 길 (교회/그리스도인이 갈 길)

고난/죽음 + 부활/영광

여러분은 그리스도인이라서 당하는 고난이 있나요?
그 고난 후에 어떤 영광이 기다리고 있을 거라 기대하나요?

2. 동행 중 드러난 동상이몽
예수님의 관심은 하나님이 자신을 이 땅에 보내신 목적과 그 목적을 이루기 위해 자신이 감당해야 할 일들에 있었습니다. 그러나 예수님과 동행하고 있는 제자들의 관심은 달랐습니다.

이제부터 함께 있지만 다른 생각을 하는 제자들에게 주신 예수님의 가르침을 살펴보겠습니다.

내가 올라갈 높은 지위 vs. 모두를 섬길 낮은 자리

마태복음 17:22~23   *죽음과 부활을 두 번째로 말씀하심

22 갈릴리에 모일 때에 예수께서 제자들에게 이르시되 인자가 장차 사람들의 손에 넘기워

23 죽임을 당하고 제 삼일에 살아나리라 하시니 제자들이 심히 근심하더라

마태복음 18:1~4

1 그 때에 제자들이 예수께 나아와 가로되 천국에서는 누가 크니이까

2 예수께서 한 어린 아이를 불러 저희 가운데 세우시고

3 가라사대 진실로 너희에게 이르노니 너희가 돌이켜 어린 아이들과 같이 되지 아니하면 결단코 천국에 들어가지 못하리라

4 그러므로 누구든지 이 어린 아이와 같이 자기를 낮추는 그이가 천국에서 큰 자니라

마가복음 9:33~35

33 가버나움에 이르러 집에 계실째 제자들에게 물으시되 너희가 노중에서 서로 토론한 것이 무엇이냐 하시되

34 저희가 잠잠하니 이는 노중에서 서로 누가 크냐 하고 쟁론하였

음이라

35 예수께서 앉으사 열 두 제자를 불러서 이르시되 아무든지 첫째
가 되고자 하면 뭇사람의 끝이 되며 뭇사람을 섬기는 자가 되어
야 하리라 하시고

예수님이 자신의 죽음과 부활에 대해 두 번째로 말씀하셨을 때, 제자들은 예수님의 말씀을 깨닫지 못하고 다른 주제로 논쟁하기 시작했습니다. 그들은 '자신들 중 누가 제일 높은 사람이냐'는 문제로 서로 다투었습니다. 제자들은 여전히 이 땅과 천국에서 더 높은 지위를 얻고 싶어 했습니다. 예수님의 사명을 함께 나누기보다 자신들의 명예와 위치에 더 관심을 두고 있었습니다.

이런 제자들에게 예수님은 '큰 자'가 아니라 '섬기는 자'가 되라고 가르치십니다. 더 높은 자리를 차지하려 경쟁하지 말고, 가장 낮은 자리로 가서 섬기라고 말씀하십니다. 예수님은 겸손하게 많은 사람을 섬기는 자가 천국에서 가장 큰 자라고 하시며 천국에서의 지위에 관한 제자들의 오해를 바로잡아 주십니다.

마가복음 9:38~40

38 요한이 예수께 여짜오되 선생님 우리를 따르지 않는 어떤 자가
주의 이름으로 귀신을 내어쫓는 것을 우리가 보고 우리를 따르

> 지 아니하므로 금하였나이다
>
> 39 예수께서 가라사대 금하지 말라 내 이름을 의탁하여 능한 일을
>   행하고 즉시로 나를 비방할 자가 없느니라
>
> 40 우리를 반대하지 않는 자는 우리를 위하는 자니라

마가복음 9장 38절에 나오는 '우리를 따르지 않는 자'라는 표현 역시 제자들이 기대하는 바를 보여줍니다. 제자들은 예수님을 좇아 헌신한 자신들은 다른 사람들과 구별된 특권을 누려야 한다고 생각했습니다. 그러나 예수님은 '우리끼리만', '우리를 따라야지만' 하는 제자들의 배타적인 태도에 동의하지 않으셨습니다. 우리를 반대하지 않는 사람들은 우리를 위하는 사람이라는 관점을 제시하며 서로 협력할 것을 권하셨습니다. 이는 하나님의 나라를 위해 다양한 사람들과 함께 일할 준비를 하라는 가르침이었습니다.

권세자와 함께 권세를 누림 vs. 인자와 함께 종됨

> 마태복음 20:17~19   *죽음과 부활을 세 번째로 말씀하심
>
> 17 예수께서 예루살렘으로 올라가려 하실 때에 열두 제자를 따로
>   데리시고 길에서 이르시되
>
> 18 보라 우리가 예루살렘으로 올라가노니 인자가 대제사장들과
>   서기관들에게 넘기우매 저희가 죽이기로 결안하고
>
> 19 이방인들에게 넘겨주어 그를 능욕하며 채찍질하며 십자가에

못 박게 하리니 제 삼일에 살아나리라

마태복음 20:20~28

20 그 때에 세베대의 아들의 어미가 그 아들들을 데리고 예수께
   와서 절하며 무엇을 구하니

21 예수께서 가라사대 무엇을 원하느뇨 가로되 이 나의 두 아들을
   주의 나라에서 하나는 주의 우편에, 하나는 주의 좌편에 앉게
   명하소서

22 예수께서 대답하여 가라사대 너희 구하는 것을 너희가 알지
   못하는도다 나의 마시려는 잔을 너희가 마실 수 있느냐 저희가
   말하되 할 수 있나이다

23 가라사대 너희가 과연 내 잔을 마시려니와 내 좌우편에 앉는
   것은 나의 줄것이 아니라 내 아버지께서 누구를 위하여 예비
   하셨든지 그들이 얻을 것이니라

24 열 제자가 듣고 그 두 형제에 대하여 분히 여기거늘

25 예수께서 제자들을 불러다가 가라사대 이방인의 집권자들이
   저희를 임의로 주관하고 그 대인들이 저희에게 권세를 부리는
   줄을 너희가 알거니와

26 너희 중에는 그렇지 아니하니 너희 중에 누구든지 크고자 하는
   자는 너희를 섬기는 자가 되고

27 너희 중에 누구든지 으뜸이 되고자 하는 자는 너희 종이 되어야
   하리라

28 인자가 온것은 섬김을 받으려 함이 아니라 도리어 섬기려 하
   고 자기 목숨을 많은 사람의 대속물로 주려 함이니라

마가복음 10:35~37, 41

35 세베대의 아들 야고보와 요한이 주께 나아와 여짜오되 선생님이여 무엇이든지 우리의 구하는 바를 우리에게 하여주시기를 원하옵나이다

36 이르시되 너희에게 무엇을 하여주기를 원하느냐

37 여짜오되 주의 영광 중에서 우리를 하나는 주의 우편에, 하나는 좌편에 앉게 하여 주옵소서

41 열 제자가 듣고 야고보와 요한에 대하여 분히 여기거늘

예수님이 세 번째로 자신의 죽음과 부활에 대해 말씀하셨지만, 제자들은 여전히 예수님의 진정한 뜻을 이해하지 못했습니다. 예수님이 영광과 왕권을 언급하시긴 했지만, 그것은 제자들이 바랐던 이스라엘의 정치적 해방이나 로마의 압제를 끝내는 왕권의 세움을 의미하지 않았습니다. 그러나 안타깝게도 제자들은 예수님의 말씀을 제대로 깨닫지 못했습니다.

예수님의 명성이 높아질수록, 제자들은 자신들이 누릴 권세와 지위에 더욱 관심을 보였습니다. 야고보와 요한은 예수님이 권세자로 왕위에 앉으실 때 자신들을 예수님의 오른쪽과 왼쪽에 앉혀달라고 요청했습니다. 이 말을 들은 나머지 제자들은 크게 화를 냈습니다. 다른 제자들 역시 같은 것을 원하고 있었던 것 같습니다.

예수님은 다시 한번 자신의 사명과 제자들이 따라야 할 길을 설명하셨습니다. 다른 권세자들처럼 많은 사람 위에 군림하며 권세를 부리러 온 것이 아니라, 하나님의 뜻에 따라 많은 사람을 섬기고 자신의 목숨을 대속물로 내어주기 위해 오셨다고 말씀하셨습니다. 제자들에게 자신과 권세를 누리는 자리가 아닌 섬기는 종의 자리에 함께 앉아야 한다고 가르치셨습니다.

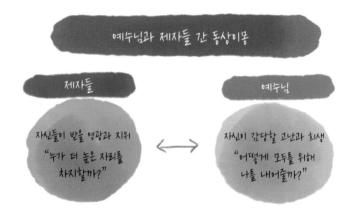

이처럼 예수님과 제자들의 여정은 동상이몽의 연속이었습니다. 예수님은 하나님의 뜻을 이루기 위해 고난과 죽음을 향해 나아가셨지만, 제자들은 여전히 세상적인 영광과 권세를 꿈꾸었습니다.

이러한 대조가 여러분에게 시사하는 바는 무엇인가요?
그리스도인으로 여러분이 기대하는 것은 무엇인가요?

Abby's Letter

그리스도인의 성공이란 무엇인가요?

일반적으로 성공이라 하면 전문성, 경제적 풍요, 사회적 지위 등 특정한 성취를 떠올립니다. 예수님 시대나 지금이나 사람들이 정의하는 성공은 좀 더 편하고, 누리고, 높아지려는 인간의 본성과 연결되어 상당히 한정적입니다. 이 때문에 우리는 종종 승자와 패자의 프레임에 갇히곤 합니다.

하지만 진정한 성공이란 '자신의 고유함으로 세상에 기여하는 것'이란 생각이 듭니다. 세상의 필요는 다양하고 하나님은 우리 한 사람 한 사람을 고유하게 창조하셨기 때문입니다. 그렇기에 성공은 특정 기준에 맞춘 성취보다, 각자의 고유한 특성과 재능으로 세상에 기여하는 데 있는 것 같습니다.

여정 성경공부 수료자 모임인 '믿음의 언니들'에는 다양한 배경과 직업을 가진 분들이 참여합니다. 어렵고 힘든 사람들과 함께 울고 웃으며 직접적인 도움을 주는 분도 있고, 매일 회사에 출근해 맡은 일을 성실히 감당하는 분도 있습니다. 또한 자기 사업을 하며 건강한 일자리와 문화를 만들기 위해 애쓰는 분도 있습니다. 사는 곳도 하는 일도 다 다르지만, 각자의 자리에서 고유한 방식으로 세상의 필요를 채우며 살아가고 있습니다.

이 모임을 몇 년간 이어오며 저는 한 가지를 확실히 깨달았습니다. 하나님 안에서 자신의 정체성을 바르게 이해한 사람이, 서 있는 자리에서 자신의 고유한 특성과 재능으로 세상의 필요를 채우는 모습은 너무나 아름답다는 것입니다. 이러한 삶이야말로 하나님을 증거하는 삶이고요.

그리스도인으로 성공을 꿈꾼다면 먼저 자신에게 주어진 고유함을 그분 안에서 발견하고 더욱 사랑하고 가꾸기를 권합니다. 그리고 그 고유함이 필요한 곳으로 나아가 하나님의 사랑을 전하면 좋겠습니다.

Chapter 6

예루살렘에서의 예수님, 하나님의 참뜻을 찾는 논쟁

예수님은 마지막 예루살렘 사역에서 이전과는 확연히 다른 모습을 보이셨습니다. 십자가를 지기 위해 예루살렘으로 올라오신 예수님은 더 이상 자신의 신성이 드러나는 것을 경계하시며 조용히 사역하지 않으셨습니다. 공개적으로 활동하시며 하나님의 뜻을 적극적으로 드러내셨습니다. 또한 소수의 제자에게 집중했던 가르침을 더 많은 사람에게 전하셨습니다.

예루살렘 입성 전 ⟷ **예루살렘 입성 후**

- 신성이 알려지는 것을 경계하심
- 소수의 제자들에게 집중적인 가르침을 주심
- 종교 지도자들과의 직접적인 충돌을 피하심
- 십자가에 대해 간접적으로 언급하심

✔ 메시아의 정체성을 드러내심
✔ 군중과 제자들에게 적극적으로 가르침을 전하심
✔ 종교 지도자들과 과감히 논쟁하심
✔ 자신의 죽음과 부활을 분명히 예고하심

이번 장에서는 예수님이 십자가에 달리시기 전 약 일주일 동안 예루살렘에서 행하신 주요 활동을 살펴보겠습니다.

1. 예루살렘에 입성하신 예수님

마태복음 21:4~11

4 이는 선지자로 하신 말씀을 이루려 하심이라 일렀으되

5 시온 딸에게 이르기를 네 왕이 네게 임하나니 그는 겸손하여 나귀, 곧 멍에 메는 짐승의 새끼를 탔도다 하라 하였느니라

6 제자들이 가서 예수의 명하신대로 하여

7 나귀와 나귀 새끼를 끌고 와서 자기들의 겉옷을 그 위에 얹으매 예수께서 그 위에 타시니

8 무리의 대부분은 그 겉옷을 길에 펴며 다른이는 나무 가지를 베어 길에 펴고

9 앞에서 가고 뒤에서 따르는 무리가 소리질러 가로되 호산나 다윗의 자손이여 찬송하리로다 주의 이름으로 오시는이여 가장 높은 곳에서 호산나 하더라

10 예수께서 예루살렘에 들어가시니 온 성이 소동하여 가로되 이는 누구뇨 하거늘

11 무리가 가로되 갈릴리 나사렛에서 나온 선지자 예수라 하니라

요한복음 12:10~19

10 대제사장들이 나사로까지 죽이려고 모의하니

11 나사로 까닭에 많은 유대인이 가서 예수를 믿음이러라

12 그 이튿날에는 명절에 온 큰 무리가 예수께서 예루살렘으로 오신다 함을 듣고

13 종려나무 가지를 가지고 맞으러 나가 외치되 호산나 찬송하리로다 주의 이름으로 오시는이 곧 이스라엘의 왕이시여 하더라

14 예수는 한 어린 나귀를 만나서 타시니

15 이는 기록된바 시온 딸아 두려워 말라 보라 너의 왕이 나귀새끼를 타고 오신다 함과 같더라

16 제자들은 처음에 이 일을 깨닫지 못하였다가 예수께서 영광을 얻으신 후에야 이것이 예수께 대하여 기록된 것임과 사람들이 예수께 이같이 한 것인줄 생각났더라

17 나사로를 무덤에서 불러내어 죽은자 가운데서 살리실 때에 함께 있던 무리가 증거한지라

18 이에 무리가 예수를 맞음은 이 표적 행하심을 들었음이러라

19 바리새인들이 서로 말하되 볼찌어다 너희 하는 일이 쓸데 없다 보라 온 세상이 저를 좇는도다 하니라

예수님은 나귀새끼를 타고 예루살렘에 입성하심으로써 구약의 메시아 예언[2]을 성취하고, 자신의 겸손함과 메시아 왕권을 동시에 드러내셨습니다. 죽은 나사로를 살리신 기적을 들은 사람들은 "호산나, 호산나" 환호하며 예수님을 맞이했습니다. 예수님의 입성으로 온 성은 소란했으며 사람들은 예수님이 누구인지 서로 묻느라

2) (슥 9:9) 시온의 딸아 크게 기뻐할찌어다 예루살렘의 딸아 즐거이 부를찌어다 보라 네 왕이 네게 임하나니 그는 공의로우며 구원을 베풀며 겸손하여서 나귀를 타나니 나귀의 작은 것 곧 나귀새끼니라

정신이 없었습니다.

예수님을 따르던 무리와 제자들은 예수님이 로마의 압제로부터 이스라엘을 해방하고 옛 영광을 회복할 것이라 기대했습니다. 그러나 예수님의 사명은 그들의 기대와 달랐습니다. 예수님은 이스라엘만이 아닌 온 인류를 죄와 사망에서 구원하고, 하나님과 화목하게 하는 사명을 이루고자 하셨습니다.

사람들의 열광적인 환영은 오래가지 못했습니다. 예수님이 그들의 정치적 기대를 충족시키지 않자, 찬양은 곧 비난과 조롱으로 바뀌었습니다. 자신들의 열망이 이루어지지 않을 것을 깨닫자, 사람들은 바로 등을 돌렸습니다.

2. 성전을 정화하신 예수님

마태복음 21:12~13

12 예수께서 성전에 들어가사 성전 안에서 매매하는 모든 자를 내
   어쫓으시며 돈 바꾸는 자들의 상과 비둘기 파는 자들의 의자를
   둘러 엎으시고

13 저희에게 이르시되 기록된바 내 집은 기도하는 집이라 일컬음
   을 받으리라 하였거늘 너희는 강도의 굴혈을 만드는도다 하시
   니라

요한복음 2:13-17

13 유대인의 유월절이 가까운지라 예수께서 예루살렘으로 올라가
   셨더니

14 성전 안에서 소와 양과 비둘기 파는 사람들과 돈 바꾸는 사람들
   의 앉은 것을 보시고

15 노끈으로 채찍을 만드사 양이나 소를 다 성전에서 내어 쫓으시
   고 돈 바꾸는 사람들의 돈을 쏟으시며 상을 엎으시고

16 비둘기 파는 사람들에게 이르시되 이것을 여기서 가져가라 내
   아버지의 집으로 장사하는 집을 만들지 말라 하시니

17 제자들이 성경 말씀에 주의 전을 사모하는 열심이 나를 삼키리
   라 한 것을 기억하더라

예수님의 성전 정화 사건은 매우 유명합니다. 채찍을 휘두르시고
상을 엎으시는 예수님의 모습은 우리가 일반적으로 생각하는 온

유하고 차분한 예수님의 이미지와 차이가 있어 더 강렬하게 사람들의 기억에 남는 듯합니다. 예수님은 왜 이런 행동을 하셨을까요? 이 질문에 답하기 위해, 예수님 당시 성전 모습과 하나님이 기대하시는 성전의 모습을 비교해 보겠습니다. 이를 통해 예수님 행동의 이유를 찾을 수 있을 것입니다.

예수님 당시 성전 상황

예수님 시대의 성전 상황을 한눈에 정리하면 아래 표와 같습니다.

예수님 당시 성전에서 활동한 주요 인물들과 그들의 활동

주요 인물	활동
종교 지도자	• 예배자들에게 편의를 제공하고 성전 유지 기금을 마련한다는 명목으로 성전에서의 장사행위를 허용함 • 이방인의 뜰에 상인과 환전상들의 부스를 설치할 수 있게 허가하여 하나님을 예배하러 온 이방인들이 밀려나게 함 • 상인과 환전상들과 결탁하여 이익을 취함
상인	• 예배자들에게 제사용 짐승을 판매함 • 대금을 성전 주화로만 받아 환전상과 담합 • 제사용 짐승을 다른 곳보다 비싸게 판매해 이익을 챙김 (특히 제사용 짐승을 끌고 올 수 없는 멀리서 온 예배자들에게서 폭리를 취함)
환전상	• 세계의 모든 화폐를 성전 주화로 교환해줌 • 환율을 모르는 외국인에게 높은 수수료를 요구해 부당한 이익을 취함 • 예배자들의 경제적 부담을 증가시킴

표의 내용을 보니, 예수님이 당시 성전을 '강도의 소굴', '장사하는 집'이라고 부르신 이유가 이해가 되시죠?

예수님은 성전 안에서 하나님께 예배하는 사람들에게 화내지 않으셨습니다. 이방인들의 뜰에서 부정직과 탐욕으로 가득 차 자신들의 이익만 챙기고, 예배하러 오는 사람들의 예배를 방해하는 이들에게 화내셨습니다.

그들은 하나님이 가장 원하시는 '하나님과 사람 간의 관계'를 훼방하고 있었습니다. 또한 그들이 당시 성전에서 벌인 행태는 하나님의 집을 조롱하는 것이나 다름없었기에 예수님은 참지 않으시고 단호히 꾸짖으셨습니다. 이는 성전의 진정한 의미를 모두에게 분명히 각인시키고 그 거룩함을 회복하기 위함이었습니다.

하나님이 기대하신 성전 (Original Design)

열왕기상 9:3
저에게 이르시되 네가 내 앞에서 기도하며 간구함을 내가 들었은즉 내가 너의 건축한 이 전을 거룩하게 구별하여 나의 이름을 영영히 그곳에 두며 나의 눈과 나의 마음이 항상 거기 있으리니

30 종과 주의 백성 이스라엘이 이곳을 향하여 기도할 때에 주는 그
   간구함을 들으시되 주의 계신 곳 하늘에서 들으시고 들으시사
   사하여 주옵소서

31 만일 어떤 사람이 그 이웃에게 범죄함으로 맹세시킴을 받고 저
   가 와서 이 전에 있는 주의 단 앞에서 맹세하거든

33 만일 주의 백성 이스라엘이 주께 범죄하여 적국 앞에 패하게 되
   므로 주께로 돌아와서 주의 이름을 인정하고 이 전에서 주께 빌
   며 간구하거든

35 만일 저희가 주께 범죄함을 인하여 하늘이 닫히고 비가 없어서
   주의 벌을 받을 때에 이곳을 향하여 빌며 주의 이름을 인정하고
   그 죄에서 떠나거든

37 만일 이 땅에 기근이나 온역이 있거나 곡식이 시들거나 깜부기
   가 나거나 메뚜기나 황충이 나거나 적국이 와서 성읍을 에워싸
   거나 무슨 재앙이나 무슨 질병이 있든지 무론하고

38 한 사람이나 혹 주의 온 백성 이스라엘이 다 각각 자기의 마음
   에 재앙을 깨닫고 이 전을 향하여 손을 펴고 무슨 기도나 무슨
   간구를 하거든

41 또 주의 백성 이스라엘에 속하지 아니한 자 곧 주의 이름을 위
   하여 먼 지방에서 온 이방인이라도

42 저희가 주의 광대한 이름과 주의 능한 손과 주의 펴신 팔의 소
   문을 듣고 와서 이 전을 향하여 기도하거든

성전은 본래 하나님이 자신의 이름을 두신 거룩한 장소입니다. 그곳은 사람들이 기도하고 간구하면 하나님이 들으시는 곳, 하나님의 이름을 부르고 회개하고 돌이키면 하나님께서 보듬어 주시는 곳입니다. 하나님은 성전에 자신의 눈길과 마음을 항상 두시겠다고 하셨습니다. 이는 "나는 나를 만나러 오는 너를 언제나 만나겠다"라는 하나님의 마음 표현이자 변치 않는 약속입니다.

성전은 우리가 힘들 때, 실수했을 때, 돌이킬 때 찾아가 회복되고 일으켜 세움을 받는 곳입니다. 늘 우리를 받아주는 곳이며, 어렵고 힘들 때 기억할 곳입니다. 하나님은 이 성전에서 사람들이 그분을 만나고 친밀함을 누리며 회복되기를 바라셨습니다.

그러나 예수님 당시의 성전은 본래의 목적에서 멀어져 있었습니다. 하나님을 만나러 오는 사람들은 뒤로 밀리고, 사리사욕을 채우려는 이들로 가득했습니다. 특히 가난하고 약한 자들은 더욱 소외되었습니다. 하나님이 '만남과 기도의 장소'로 예비하신 곳을 사람들이 '내 배 채우는 장소'로 변질시켜 버렸습니다.

여러분에게 교회는 어떤 의미인가요?
교회의 거룩함을 회복하기 위해 여러분이 단호하게 행동할 것이 있다면, 무엇일까요?

상업화된 장소로 변질
경제적 불의와 착취가 이루어지는 곳
형식적인 제사와 의식에 치중

기도하고 예배하는 거룩한 장소
공의와 정의가 실현되는 곳
진정한 회개와 하나님과의 관계 회복

3. 통렬히 고발하시는 예수님

마태복음 23:13~29

13 화 있을찐저 외식하는 서기관들과 바리새인들이여 너희는 천국
   문을 사람들 앞에서 닫고 너희도 들어가지 않고 들어가려 하는
   자도 들어가지 못하게 하는도다

15 화 있을찐저 외식하는 서기관들과 바리새인들이여 너희는 교인
   하나를 얻기 위하여 바다와 육지를 두루 다니다가 생기면 너희
   보다 배나 더 지옥 자식이 되게 하는도다

16 화 있을찐저 소경된 인도자여 너희가 말하되 누구든지 성전으
   로 맹세하면 아무 일 없거니와 성전의 금으로 맹세하면 지킬찌
   라 하는도다

23 화 있을찐저 외식하는 서기관들과 바리새인들이여 너희가 박하

> 와 회향과 근채의 십일조를 드리되 율법의 더 중한바 의와 인과
> 신은 버렸도다 그러나 이것도 행하고 저것도 버리지 말아야 할
> 찌니라
> 25 화 있을찐저 외식하는 서기관들과 바리새인들이여 잔과 대접의
> 겉은 깨끗이 하되 그 안에는 탐욕과 방탕으로 가득하게 하는도다
> 27 화 있을찐저 외식하는 서기관들과 바리새인들이여 회칠한 무덤
> 같으니 겉으로는 아름답게 보이나 그 안에는 죽은 사람의 뼈와
> 모든 더러운 것이 가득하도다
> 29 화 있을찐저 외식하는 서기관들과 바리새인들이여 너희는 선지
> 자들의 무덤을 쌓고 의인들의 비석을 꾸미며 가로되

예수님은 유월절 주간, 가장 많은 사람이 모인 성전 뜰에서 종교 지도자들을 신랄하게 비판하셨습니다. 돌려 말씀하지 않으시고 "외식하는 자들아, 너희에게 화가 있을 것이다"라고 직설적으로 말씀하시며 그들의 잘못을 낱낱이 통렬하게 고발하셨습니다. 마태복음 23장에 나오는 일곱 가지 고발 내용은 잘못된 메시지와 부정적인 본보기로, 사람들로 하나님을 오해하게 하고 하나님 나라에 들어가지 못하게 하는 것에 대한 분노의 표현이었습니다. 동시에 임박한 심판에 관한 경고이기도 했습니다.

예수님은 하나님과 사람들 사이의 관계를 가로막고, 진리가 주는 자유를 누리지 못하게 하는 이들을 참지 않으셨습니다. 이는 단순

한 분노나 비난이 아니라 하나님의 사랑과 공의를 드러내는 행동이었습니다. 예수님은 종교 지도자에게 회개를 촉구하고, 일반 백성들에게는 참된 신앙의 모습을 보여주고자 하셨습니다.

마태복음 23장에 나타난 예수님의 7가지 고발

고발 내용	핵심 내용	상세 설명
천국 문을 가로막음	• 자신들도 들어가지 않고 다른 사람들도 들어가지 못하게 함	• 종교 지도자들이 복잡한 규칙과 전통으로 사람들이 하나님께 나아가는 것을 어렵게 만듦
교인 만들기에 열심	• 개종자들을 자신들보다 더 악하게 만듦	• 형식적인 종교 행위만을 가르쳐 진정한 믿음보다는 위선을 배우게 함
맹세에 대한 그릇된 가르침	• 하나님의 이름을 경시하고 맹세를 가볍게 여김	• 성전의 금이나 제단의 예물로 맹세하는 것을 더 중요하게 여기는 왜곡된 가치관을 가르침
율법의 중요한 것을 무시	• 더 중요한 정의, 긍휼, 믿음을 저버림	• 박하, 회향, 근채의 십일조는 지키면서 더 중요한 정의와 자비, 신의는 저버림
겉과 속이 다름	• 겉모습만 깨끗하게 하고 내면은 탐욕으로 가득함	• 의식적 정결함에만 집중하고 내적 순결은 무시함. 탐욕과 방종으로 가득 찬 내면
위선적인 삶	• 겉으로는 의로워 보이나 속은 악함으로 가득함	• 회칠한 무덤처럼 겉은 아름답게 꾸미지만 내면은 죽은 자의 뼈와 더러운 것으로 가득함
선지자들을 핍박	• 과거의 의인들을 기념하면서도 현재의 의인들은 박해함	• 과거 선지자들의 무덤을 꾸미면서 "우리가 살았더라면 그들을 핍박하지 않았을 것"이라 말하지만, 실제로는 현재의 의인들을 박해함

4. 잡히시기 전 기도하시는 예수님

요한복음 17:1, 9, 20~23

1   예수께서 이 말씀을 하시고 눈을 들어 하늘을 우러러 가라사대
    아버지여 때가 이르렀사오니 아들을 영화롭게 하사 아들로 아
    버지를 영화롭게 하게 하옵소서

9   내가 저희를 위하여 비옵나니 내가 비옵는 것은 세상을 위함이
    아니요 내게 주신 자들을 위함이니이다 저희는 아버지의 것이
    로소이다

20 내가 비옵는 것은 이 사람들만 위함이 아니요 또 저희 말을 인
    하여 나를 믿는 사람들도 위함이니

21 아버지께서 내 안에, 내가 아버지 안에 있는 것 같이 저희도 다
    하나가 되어 우리 안에 있게 하사 세상으로 아버지께서 나를 보
    내신 것을 믿게 하옵소서

22 내게 주신 영광을 내가 저희에게 주었사오니 이는 우리가 하나
    가 된것 같이 저희도 하나가 되게 하려 함이니이다

23 곧 내가 저희 안에, 아버지께서 내 안에 계셔 저희로 온전함을
    이루어 하나가 되게 하려 함은 아버지께서 나를 보내신 것과 또
    나를 사랑하심 같이 저희도 사랑하신 것을 세상으로 알게 하려
    함이로소이다

예수님은 십자가에 달리시기 전, 제자들과 마지막 만찬을 나누신
후 간절히 기도하셨습니다. 요한복음 17장에 기록된 이 기도는 '대
제사장의 기도'라고도 불리며, 예수님의 마음이 깊이 드러나는 중

요한 내용입니다.

예수님은 먼저 자신을 위해 기도하셨습니다. "아버지여 때가 이르렀사오니 아들을 영화롭게 하사 아들로 아버지를 영화롭게 하게 하옵소서"라는 기도에서는 십자가 고난을 앞두고 계신 예수님의 사명 완수에 대한 확신과 함께 인간적인 떨림이 묻어나는 것 같습니다. 그 길이 결코 쉽지 않음을 아셨기에 하나님의 도우심을 간구하셨습니다.

다음으로 예수님은 "내가 저희를 위하여 비옵나니 내가 비옵는 것은 세상을 위함이 아니요 내게 주신 자들을 위함이니이다 저희는 아버지의 것이로소이다"라는 말씀으로 시작해 제자들을 위해 기도하셨습니다. 여기에는 예수님의 제자들을 향한 깊은 애정과 걱정이 담겨 있습니다. 그들을 보호해 하나가 되고 악에 빠지지 않게 해 달라고, 진리로 거룩하게 해 달라고 간구하십니다. 예수님은 제자들 안에 예수님의 기쁨이 충만하고, 제자들이 자신의 사명을 이어받아 세상에 복음을 전하는 사명을 감당하기를 바라셨습니다.

마지막으로 예수님은 "내가 비옵는 것은 이 사람들만 위함이 아니요 또 저희 말을 인하여 나를 믿는 사람들도 위함이니"라고 하시며 미래의 모든 믿는 자들, 곧 우리를 포함한 모든 성도를 위해 기도하셨습니다. 왠지 이 부분은 더 자세히 보게 되는데요. 예수님은 모든 믿는 자들이 하나님과 하나 되고, 서로 하나 되는 연합을 간절히 바라고 계셨습니다.

이 기도에는 예수님의 사명과 사랑, 그리고 모든 믿는 자를 향한 소망이 집약되어 있습니다. 십자가를 앞둔 긴박한 순간에도, 예수님은 하나님의 뜻을 굳건히 붙들고 기도하셨습니다.

여러분은 예수님이 기도하신 '하나됨'이 무엇이라고 생각하나요?

Abby's Letter

교회 안에서 "No"라고 말하기가 어려워요.

'순종'과 '순응'은 다릅니다. 순종은 그리스도인의 삶의 태도지만, 무비판적 순응은 아닙니다. 특히 순응을 미덕으로 가르치는 태도는 기독교 정신이라기보다, 우리 사회의 가부장적 전통에서 비롯된 경우가 많습니다.

그리스도인은 진리를 추구하며 진리가 아닌 것을 분별하기 위해 비판적으로 사고하는 사람입니다. 진리를 향해 나아가기 위해, 우리는 부지런히 질문하고 사유해야 합니다. 내가 지금 따르고 있는 것이 진리인지, 그저 익숙한 전통인지? 성경 말씀을 오늘의 맥락에서 어떻게 풀어내야 진짜 성경적인지? 지금 내게 들려오는 메시지 중 어떤 것을 받아들이고 어떤 것을 거부해야 하는지? 이러한 질문들을 끊임없이 던지고, 아닌 것은 아니라고 말할 용기를 가져야 합니다.

교회 안에서 이러한 비판적 논의는 비난이나 불순종이 아닙니다. 오히려 진리를 탐구하는 진지한 태도입니다. 비판적 논의는 진리로 나아가는 길을 찾는 과정이며, 하나님께 더 가까이 가기 위한 건설적인 대화입니다. 교회는 이러한 논의를 환영해야 합니다. 비판적 사고를 통해 우리는 본질을 더 깊이 이해하고, 세상 속에서 복음의 진정한 가치를 드러낼 수 있기 때문입니다.

교회 안에서 "No"라고 말하기는 어렵지만, 그것은 진리를 지키는 데 필요한 과정입니다. 우리는 하나님께 순종하되, 인간적 전통에 무비판적으로 순응하지 말아야 합니다. 진리와 멀어진 전통이나 관행에 대해서는 사랑과 지혜로 분명히 아니라고 말할 수 있는 용기를 가지세요. 이러한 태도는 교회를 더 건강하게 만들며, 하나님이 기뻐하시는 공동체로 나아가는 길이 될 것입니다.

Chapter 7

십자가에서 죽으신 예수님, 죽음을 선택하신 이유

이번 장에서는 예수님의 십자가 사건을 살펴보겠습니다. 겟세마네 동산에서의 간절한 기도를 시작으로, 십자가로 가는 길에서 겪으신 모욕과 희롱, 그리고 십자가 위에서의 마지막 순간과 죽음까지 들여다봅니다. 이 과정을 통해 예수님이 겪은 고난의 깊이와 그 의미를 더욱 깊이 이해하고자 합니다. 예수님의 십자가형은 단순한 역사적 사건이 아니라, 인류 구원을 위한 하나님의 사랑과 계획이 실현된 결정적 사건입니다.

1. 겟세마네에서 기도하신 예수님

마태복음 26:37~44

37 베드로와 세베대의 두 아들을 데리고 가실쌔 고민하고 슬퍼하사

38 이에 말씀하시되 내 마음이 심히 고민하여 죽게 되었으니 너희
는 여기 머물러 나와 함께 깨어 있으라 하시고

39 조금 나아가사 얼굴을 땅에 대시고 엎드려 기도하여 가라사대
내 아버지여 만일 할만하시거든 이 잔을 내게서 지나가게 하옵
소서 그러나 나의 원대로 마옵시고 아버지의 원대로 하옵소서
하시고

40 제자들에게 오사 그 자는 것을 보시고 베드로에게 말씀하시되
너희가 나와 함께 한 시 동안도 이렇게 깨어 있을 수 없더냐

41 시험에 들지 않게 깨어 있어 기도하라 마음에는 원이로되 육신
이 약하도다 하시고

42 다시 두번째 나아가 기도하여 가라사대 내 아버지여 만일 내가
마시지 않고는 이 잔이 내게서 지나갈 수 없거든 아버지의 원대
로 되기를 원하나이다 하시고

43 다시 오사 보신즉 저희가 자니 이는 저희 눈이 피곤함일러라

44 또 저희를 두고 나아가 세번째 동일한 말씀으로 기도하신 후

십자가에 달리시기 직전 예수님이 겟세마네에서 드린 기도는 우
리에게 많은 생각을 하게 합니다. '예수님의 기도가 이렇다고?'라
는 마음이 들기도 합니다. 예수님은 하나님의 뜻에 언제나 고민
없이 즉각적으로 순종하실 것 같은데, 여기서 예수님은 고민하고

슬퍼하시며 "내 마음이 심히 고민하여 죽게 되었다"라고 말씀하십니다. 또한 "만일 할 만하시거든 이 잔을 내게서 지나가게 하옵소서"라고 세 번이나 간구하십니다.

예수님은 하나님의 뜻을 거절하고 싶으셨던 걸까요? 절대 아닙니다. 이 기도는 우리에게 두 가지 중요한 사실을 가르쳐줍니다. 첫째, 완전한 인간으로 오신 예수님이 당하실 육체적, 감정적, 영적 고통이 얼마나 극심한 고통이었는지 보여줍니다. 둘째, 마음을 정직하게 쏟아내며 표현하는 것은 불순종이 아니라 순종으로 나아가는 중요한 과정임을 알게 합니다.

예수님은 극한의 고통을 겪으셨습니다. 그분의 몸은 찢기고 피 흘렸으며, 거친 모욕과 희롱을 당하셨습니다. 예루살렘 입성 때 호산나를 외치던 군중은 물론, 오랜 시간 동행한 사랑하는 제자들마저 그분을 버렸습니다. 더욱이 태초부터 늘 하나였던 하나님 아버지와의 관계마저 단절되었습니다. 이러한 예수님의 고난을 생각하면, 그분이 겟세마네에서 죽을 듯 고뇌하며 고군분투하신 것이 너무나 이해됩니다.

예수님은 이런 힘겨운 모습을 제자들에게 숨기지 않으셨습니다. 오히려 제자들을 가까이 데려와 그들이 들을 수 있게 기도하셨습니다. 이 기도를 제자들이 듣고 배우기를 원하셨기 때문이었습니다. 예수님은 제자들에게 앞으로 겪게 될 여러 고난 속에서 하나님 아버지께 어떻게 나아가야 하는지를 보여주셨습니다.

시편 62편 8절은 "백성들아 시시로 저를 의지하고 그 앞에 마음을 토하라 하나님은 우리의 피난처시로다"라고 말합니다. 또 히브리서 5장 7절에는 예수님이 "육체에 계실 때에 자기를 죽음에서 능히 구원하실 이에게 심한 통곡과 눈물로 간구와 소원을 올렸다"라고 나옵니다. 하나님의 뜻을 알면서도 고민이 될 때, 그 마음을 표현하는 것은 불순종이 아닙니다. 순종이란 아무 말 없이 꾹 참고 행하는 것을 의미하지 않습니다. 우리는 예수님처럼 하나님께 우리의 마음을 정직하게 쏟아낼 수 있습니다. 고집스럽게 불순종하는 것과 정직하게 마음을 표현하는 것은 분명히 다릅니다. 이러한 차이를 몸소 알려주신 예수님의 모습은 우리에게 큰 위로와 용기를 줍니다.

예수님은 자신의 모든 마음을 하나님 아버지께 솔직히 토로하신 후, 순종의 자리로 나아가셨습니다. 이러한 순종은 하나님과 예수님 사이의 깊고 친밀한 관계에 근거합니다. 예수님은 하나님의 선하신 뜻에 대한 전적인 신뢰를 바탕으로 "그러나 나의 원대로 마시옵고 아버지의 원대로 하옵소서"라고 기도하셨습니다. 이는 단순한 복종이 아닌, 사랑과 신뢰에 기반을 둔 자발적 순종의 모습입니다. 참된 순종의 시작은 굳은 결심 이전에, 하나님과의 굳건한 관계에서 비롯됩니다. 예수님은 하나님과의 관계의 깊이가 순종의 핵심임을 가르쳐 주십니다.

겟세마네에서의 기도는 우리에게 중요한 교훈을 줍니다. 하나님에 대한 확고한 신뢰가 있더라도, 삶의 매 순간 기도하며 순종을 결심해야 함을 보여줍니다. 믿음으로 사는 삶은 일회성 결단이 아니라 지속적인 과정이며, 이러한 자세야말로 예수님을 본받아 살아가는 그리스도인의 모습임을 기억하면 좋겠습니다.

2. 모욕, 희롱 그리고 죽임당하신 예수님

지난 장에서 우리는 예루살렘에 입성하시는 예수님의 모습을 보았습니다. 그때의 예수님은 사람들이 기대하는 왕의 모습이었습니다. 종교 지도자들을 통렬히 고발하는 예수님의 모습에는 권위가 있었습니다. 그러나 십자가형을 당하시는 예수님의 모습은 너무나 다릅니다. 이제 예수님은 세상 죄를 지고 가는 하나님의 어린양으로 모든 죄인을 대신하여 묵묵히 고난을 받으십니다.

십자가형

예수님은 십자가형을 당하셨습니다. 십자가형은 로마 시대 가장 잔인하고 수치스러운 형벌이었습니다. 십자가형은 크게 다음과 같은 절차로 진행되었습니다.

1) 태형

처형 전 죄인은 먼저 가혹한 태형을 받았습니다. 등을 벗긴 채 기둥에 묶인 죄인은 로마 병사들에 의해 무자비하게 채찍질을 당했습니다. 이때 사용된 채찍은 여러 개의 가죽끈에 금속 조각이나 동물 뼈가 달려 있어, 맞을 때마다 피부와 살점이 떨어져 나갔습니다.

2) 거리 행진

태형 후 죄인은 자신의 십자가를 지고 처형장으로 향했습니다. 이 행진은 많은 사람이 볼 수 있는 번화가를 지나갔는데, 이는 최대한의 시각적 효과를 노린 것이었습니다. 처형을 지켜보는 군중은 죄인을 조롱하고 희롱하며 공공연히 수치를 더했습니다.

3) 십자가에 못 박힘

처형지에 도착하면 죄인은 십자가와 함께 바닥에 눕혀져 발가벗겨진 채로 손과 발에 못 박히거나 묶였습니다. 죄인은 십자가에 매달린 상태에서 서서히 질식과 고통으로 죽음을 맞이했습니다.

왕이신 분이 당하신 모욕과 희롱

마태복음 27:26~31

26 이에 바라바는 저희에게 놓아주고 예수는 채찍질하고 십자가에 못 박히게 넘겨주니라

27 이에 총독의 군병들이 예수를 데리고 관정 안으로 들어가서 온 군대를 그에게로 모으고

28 그의 옷을 벗기고 홍포를 입히며

29 가시 면류관을 엮어 그 머리에 씌우고 갈대를 그 오른손에 들리고 그 앞에서 무릎을 꿇고 희롱하여 가로되 유대인의 왕이여 평안할찌어다 하며

30 그에게 침 뱉고 갈대를 빼앗아 그의 머리를 치더라
31 희롱을 다한 후 홍포를 벗기고 도로 그의 옷을 입혀 십자가에
   못 박으려고 끌고 나가니라

요한복음 19:19~21
19 빌라도가 패를 써서 십자가 위에 붙이니 나사렛 예수 유대인의
   왕이라 기록되었더라
20 예수의 못 박히신 곳이 성에서 가까운고로 많은 유대인이 이 패
   를 읽는데 히브리와 로마와 헬라 말로 기록되었더라
21 유대인의 대제사장들이 빌라도에게 이르되 유대인의 왕이라 말
   고 자칭 유대인의 왕이라 쓰라 하니

당시 로마 황제는 비싼 자주색 옷을 입고, 금으로 만든 월계관을 쓰며, 상아로 만든 홀을 들었습니다. 로마 군인들은 이를 흉내 내며 예수님을 조롱했습니다. 그들은 값비싼 자주색 옷 대신 홍포를 예수님께 입혔다가 다시 벗겼고, 금 월계관 대신 가시관을 씌웠으며, 상아 홀 대신 갈대를 들게 했습니다. 더욱이 그들은 "유대인의 왕이여 평안할찌어다"라고 말하며 예수님을 희롱했습니다.

예수님은 온 세상의 왕이시지만, 십자가에 달리시기 전 로마 군인들과 대중, 그리고 종교 지도자들로부터 극심한 모욕을 당하셨습

니다. 요한복음 19장 21절에는 유대인의 대제사장들이 빌라도에게 '유대인의 왕'이 아닌 '자칭 유대인의 왕'이라고 쓰라고 요구하는 장면이 나옵니다. 이 장면은 정말이지 할 말을 잃게 만듭니다.

모두가 동참해 행하는 모욕과 희롱

마태복음 27:35~44

35 저희가 예수를 십자가에 못 박은 후에 그 옷을 제비 뽑아 나누고

36 거기 앉아 지키더라

37 그 머리 위에 이는 유대인의 왕 예수라 쓴 죄패를 붙였더라

38 이때에 예수와 함께 강도 둘이 십자가에 못 박히니 하나는 우편에, 하나는 좌편에 있더라

39 지나가는 자들은 자기 머리를 흔들며 예수를 모욕하여

40 가로되 성전을 헐고 사흘에 짓는 자여 네가 만일 하나님의 아들이어든 자기를 구원하고 십자가에서 내려오라 하며

41 그와 같이 대제사장들도 서기관들과 장로들과 함께 희롱하여 가로되

42 저가 남은 구원하였으되 자기는 구원할 수 없도다 저가 이스라엘의 왕이로다 지금 십자가에서 내려올찌어다 그러면 우리가 믿겠노라

43 저가 하나님을 신뢰하니 하나님이 저를 기뻐하시면 이제 구원하실찌라 제 말이 나는 하나님의 아들이라 하였도다 하며

44 함께 십자가에 못 박힌 강도들도 이와 같이 욕하더라

예수님을 둘러싼 모든 사람이 조롱과 멸시에 가담했습니다. 길을 지나가는 사람들은 고개를 절레절레 흔들며 조롱하며, "네가 정말 하나님의 아들이라면, 어째서 자신을 구원하지 못하느냐? 십자가에서 내려와 보아라"라고 외쳤습니다. 그들의 말에는 깊은 불신과 조소가 담겨 있었습니다.

종교 지도자들의 태도 역시 만만치 않았습니다. 대제사장들과 서기관들, 그리고 장로들까지 한목소리로 예수님을 비웃었습니다. "다른 사람은 구원하면서 자기는 구원하지 못하는구나. 네가 진정 이스라엘의 왕이라면, 지금 당장 십자가에서 내려와 보아라. 그러

면 우리가 믿겠다"라고 말합니다. 그들의 말을 들으니 광야에서 예수님이 당하신 시험이 떠오릅니다. 그러고도 네가 하나님의 아들이냐 하는 의심을 던지고, 하나님의 뜻보다는 자신의 능력과 명예를 선택하라고 하는 시험 말입니다.

심지어 예수님과 함께 십자가에 못 박힌 강도들까지 가세했습니다. 고통 속에서도 그들은 예수님을 향해 독설을 퍼부었습니다. "네가 그리스도가 아니냐? 너와 우리를 구원해 보아라"라고요. 예수님은 이 모든 조롱과 모욕 속에서 완전한 고립과 거절을 경험하셨습니다.

무죄한 그분이 당하신 십자가 처형

> 마태복음 27:46, 50
> 46 제 구시 즈음에 예수께서 크게 소리질러 가라사대 엘리 엘리 라마 사박다니 하시니 이는 곧 나의 하나님, 나의 하나님, 어찌하여 나를 버리셨나이까 하는 뜻이라
> 50 예수께서 다시 크게 소리 지르시고 영혼이 떠나시다
>
> 요한복음 19:30
> 30 예수께서 신 포도주를 받으신 후 가라사대 다 이루었다 하시고 머리를 숙이시고 영혼이 돌아가시니라

누가복음 23:34, 46

34 이에 예수께서 가라사대 아버지여 저희를 사하여 주옵소서 자기의 하는 것을 알지 못함이니이다 하시더라 저희가 그의 옷을 나눠 제비 뽑을쌔

46 예수께서 큰 소리로 불러 가라사대 아버지여 내 영혼을 아버지 손에 부탁하나이다 하고 이 말씀을 하신 후 운명하시다

예수님은 십자가에서 마지막 순간을 맞이하셨습니다. "엘리 엘리 라마 사박다니 – 나의 하나님, 나의 하나님, 어찌하여 나를 버리셨나이까?"라는 절규는 예수님이 인류의 모든 죄를 짊어지시며 겪으신 영적, 육체적 고통의 깊이를 보여줍니다. 그러나 고통 속에서도 예수님은 "아버지 저들을 사하여 주옵소서 자기들이 하는 것을 알지 못함이니이다"라고 기도하셨습니다. 이 기도는 우리를 향한 예수님의 무한한 사랑과 용서를 보여줍니다.

마지막 순간 예수님은 "다 이루었다"고 선언하신 뒤, "아버지 내 영혼을 아버지 손에 부탁하나이다"라고 말씀하시고 숨을 거두셨습니다. 로마서 6장 23절은 "죄의 삯은 사망이요"라고 말합니다. 그렇다면 무죄한 예수님의 죽음은 누구 죄의 대가일까요?

3. 예수님이 버림 당하시고 죽임 당하신 이유

신약으로 살펴본 그리스도가 버림 당하고 죽임 당하신 이유

히브리서 12:2

2 믿음의 주요 또 온전케 하시는 이인 예수를 바라보자 저는 그 앞에 있는 즐거움을 위하여 십자가를 참으사 부끄러움을 개의치 아니하시더니 하나님 보좌 우편에 앉으셨느니라

요한복음 11:47~52

47 이에 대제사장들과 바리새인들이 공회를 모으고 가로되 이 사람이 많은 표적을 행하니 우리가 어떻게 하겠느냐

48 만일 저를 이대로 두면 모든 사람이 저를 믿을 것이요 그리고 로마인들이 와서 우리 땅과 민족을 빼앗아 가리라 하니

49 그 중에 한 사람 그 해 대제사장인 가야바가 저희에게 말하되 너희가 아무 것도 알지 못하는도다

50 한 사람이 백성을 위하여 죽어서 온 민족이 망하지 않게 되는 것이 너희에게 유익한 줄을 생각지 아니하는도다 하였으니

51 이 말은 스스로 함이 아니요 그 해에 대제사장이므로 예수께서 그 민족을 위하시고

52 또 그 민족만 위할뿐 아니라 흩어진 하나님의 자녀를 모아 하나가 되게 하기 위하여 죽으실 것을 미리 말함이러라

예수님의 십자가는 역설의 정점입니다. 그분이 버림받은 이유는 우리를 받아들이기 위함이었고, 그분이 죽임을 당한 이유는 우리

에게 생명을 주기 위함이었습니다. 히브리서는 "그는 그 앞에 있
는 기쁨을 위하여 십자가를 참으사 부끄러움을 개의치 아니하시
더니"라고 말합니다.

요한복음에 나오는 "한 사람이 백성을 위하여 죽어서 온 민족이
망하지 않게 되는 것이 유익하다"라는 가야바의 예언은 하나님의
위대한 구원 계획의 선포입니다. 예수님은 이스라엘 민족만을 위
해서가 아니라, 모든 민족, 모든 시대의 하나님의 자녀들을 위해
돌아가셨습니다.

예수님의 죽음은 끝이 아닌 시작이었습니다. 예수님은 죽음을 통
해 죽음을 이기셨으며, 버림받음으로써 우리를 영원히 받아들이
셨습니다.

구약으로 살펴본 그리스도가 버림 당하고 죽임 당하신 이유

이사야 53:3~8
3 그는 멸시를 받아서 사람에게 싫어 버린바 되었으며 간고를 많
   이 겪었으며 질고를 아는 자라 마치 사람들에게 얼굴을 가리우
   고 보지 않음을 받는 자 같아서 멸시를 당하였고 우리도 그를
   귀히 여기지 아니하였도다

4 그는 실로 우리의 질고를 지고 우리의 슬픔을 당하였거늘 우리
   는 생각하기를 그는 징벌을 받아서 하나님에게 맞으며 고난을
   당한다 하였노라
5 그가 찔림은 우리의 허물을 인함이요 그가 상함은 우리의 죄악
   을 인함이라 그가 징계를 받음으로 우리가 평화를 누리고 그가
   채찍에 맞음으로 우리가 나음을 입었도다
6 우리는 다 양 같아서 그릇 행하여 각기 제 길로 갔거늘 여호와
   께서는 우리 무리의 죄악을 그에게 담당시키셨도다
7 그가 곤욕을 당하여 괴로울 때에도 그 입을 열지 아니하였음이
   여 마치 도수장으로 끌려가는 어린 양과 털 깎는 자 앞에 잠잠
   한 양 같이 그 입을 열지 아니하였도다
8 그가 곤욕과 심문을 당하고 끌려 갔으니 그 세대 중에 누가 생
   각하기를 그가 산 자의 땅에서 끊어짐은 마땅히 형벌 받을 내
   백성의 허물을 인함이라 하였으리요

이사야 53장은 메시아의 고난을 예언하며, 그 고난의 깊은 의미를
우리에게 보여줍니다. 이 예언은 예수님의 삶과 죽음을 통해 성취
되었습니다. 예수님은 우리의 죄 때문에 고난받으셨습니다. 이사
야는 "그가 찔림은 우리의 허물 때문이요 그가 상함은 우리의 죄
악 때문이라"고 말합니다. 하나님은 우리의 모든 죄악을 예수님에
게 담당시키셨습니다.

"그가 징계를 받음으로 우리가 평화를 누리고 그가 채찍에 맞음으로 우리가 나음을 입었도다"라는 말씀에서 예수님의 고난은 우리의 치유와 평화를 위한 것임을 알 수 있습니다. 궁극적으로 예수님의 죽음은 우리의 생명을 위한 것이었습니다. "그가 산 자의 땅에서 끊어짐은 마땅히 형벌 받을 내 백성의 허물을 인함이라"라고 말합니다. 예수님은 우리가 받아야 할 형벌을 대신 받으심으로써, 우리에게 새 생명의 길을 열어주셨습니다.

이사야의 예언은 예수님의 고난과 죽음이 우리의 구원을 위한 하나님의 계획임을 명확히 설명합니다. 예수님은 우리의 죄 때문에 고난받고 죽임당하셨으며, 우리는 그로 인해 용서받고 새 생명을 얻게 되었습니다.

> **"** 십자가는 우리가 쫓아갈 '고통'의 모습인가요? **"**

십자가형의 잔혹함을 알수록 그리스도인에게 요구되는 십자가의 자리가 두렵게 느껴질 수 있습니다. 십자가를 단지 '고통'으로만 바라보면 우리는 쉽게 좌절하게 됩니다. "나는 그 정도의 고통은 감당할 수 없어. 도저히 못하겠어."라는 생각이 들 수밖에 없습니다. 그러나 이것은 십자가의 본질을 놓치는 관점입니다.

십자가는 고통을 넘어, 사랑의 확증입니다. 이 관점에서 십자가를 바라보면 우리는 이렇게 질문할 수 있습니다. "예수님은 도대체 나를 얼마나 사랑하셨기에, 십자가의 고통까지 감당하실 수 있었을까?"라고요. 이 질문은 우리를 두려움이 아닌 예수님에게로 더 가까이 인도합니다.

십자가는 우리를 향한 하나님 아버지 마음의 극치를 보여주는 자리입니다. 그것은 우리가 쫓아가야 할 '고통'의 모습이라기보다, '사랑'이 도

달할 수 있는 가장 절정의 지점을 보여줍니다. 십자가는 하나님의 사랑이 우리를 위해 어디까지 갈 수 있는지를 명확히 보여주는 증거입니다.

예수님은 우리에게 완벽함을 요구하지 않으십니다. 우리가 그분을 따라 우리의 자리에서 할 수 있는 방식으로 사랑하기를 원하십니다. 십자가는 우리에게 사랑의 방향성과 가능성을 열어주는 자리입니다. 우리의 사랑이 어디까지 나아갈 수 있을지 예수님과 함께 걸어가 보세요.

Chapter 8

부활하신 예수님, 다시 살아나심으로 보증한 사랑

예수님은 죽음을 이기고 부활하셨습니다. 말씀하신 대로 장사된 지 사흘 만에 죽은 자 가운데서 다시 살아나셨습니다.

이번 장에서는 믿는 우리의 확실한 소망인 예수님의 부활 사건을 살펴보겠습니다. 만약 예수님의 구원 사역이 십자가에서 끝났다면, 우리는 여전히 죄와 사망 가운데 머물렀을 것입니다. 그러나 부활로 인해 우리는 참된 기쁨과 소망을 얻게 되었습니다.

1. 부활하신 예수님

죽었다 다시 사심

마태복음 28:1~10

1 안식일이 다하여가고 안식 후 첫날이 되려는 미명에 막달라 마리아와 다른 마리아가 무덤을 보려고 왔더니

2 큰 지진이 나며 주의 천사가 하늘로서 내려와 돌을 굴려 내고 그 위에 앉았는데

3 그 형상이 번개 같고 그 옷은 눈 같이 희거늘

4 수직하던 자들이 저를 무서워하여 떨며 죽은 사람과 같이 되었더라

5 천사가 여자들에게 일러 가로되 너희는 무서워 말라 십자가에 못 박히신 예수를 너희가 찾는 줄을 내가 아노라

6 그가 여기 계시지 않고 그의 말씀하시던대로 살아나셨느니라 와서 그의 누우셨던 곳을 보라

7 또 빨리 가서 그의 제자들에게 이르되 그가 죽은 자 가운데서 살아나셨고 너희보다 먼저 갈릴리로 가시나니 거기서 너희가 뵈오리라 하라 보라 내가 너희에게 일렀느니라 하거늘

8 그 여자들이 무서움과 큰 기쁨으로 무덤을 빨리 떠나 제자들에게 알게 하려고 달음질할쌔

9 예수께서 저희를 만나 가라사대 평안하뇨 하시거늘 여자들이 나아가 그 발을 붙잡고 경배하니

10 이에 예수께서 가라사대 무서워 말라 가서 내 형제들에게 갈릴리로 가라 하라 거기서 나를 보리라 하시니라

예수님은 고난받아 죽임을 당하시기 전에, 자신이 사흘 만에 살아날 것이라고 여러 차례 말씀하셨습니다. 그러나 제자들조차 이 말씀을 진정으로 이해하거나 믿지 못했습니다. 그러나 안식 후 첫날 새벽, 이 놀라운 말씀은 현실이 되었습니다. 막달라 마리아와 다른 마리아가 예수님의 무덤을 찾았을 때, 그들은 상상조차 하지 못한 광경을 목격했습니다. 큰 지진과 함께 주의 천사가 나타나 무덤을 막고 있던 돌을 굴려낸 장면이었습니다.

천사는 두려워하는 여인들에게 무서워하지 말라 말하며, "예수님이 말씀하시던 대로 살아나셨다"라는 놀라운 소식을 전했습니다. 천사는 여인들에게 직접 빈 무덤을 확인하게 한 뒤, 이 기쁜 소식을 제자들에게 알리라고 했습니다. 여인들은 무서움과 큰 기쁨이 뒤섞인 채 무덤을 떠나 제자들에게 달려갔습니다.

그때 예상치 못한 만남이 이루어졌습니다. 부활하신 예수님이 직접 여인들 앞에 나타나신 겁니다. 예수님은 "평안하냐"라고 물으시며 그들을 안심시키셨습니다. 예수님에게는 부활의 소식을 전하는 것 못지않게, 이 여인들의 두렵고 떨리는 마음을 살피는 것이 중요했던 것 같습니다. 예수님은 여인들에게 다시 한번 "무서워하지 말라"고 말씀하시며 제자들에게 갈릴리로 가라는 메시지를 전하라고 하셨습니다. 이렇게 예수님의 부활은 단순한 소문이 아닌, 실제로 목격되고 경험된 사건이 되었습니다.

예수님 부활의 의미

고린도전서 15:16~24

16 만일 죽은 자가 다시 사는 것이 없으면 그리스도도 다시 사신 것이 없었을 터이요

17 그리스도께서 다시 사신 것이 없으면 너희의 믿음도 헛되고 너희가 여전히 죄 가운데 있을 것이요

18 또한 그리스도 안에서 잠자는 자도 망하였으리니

19 만일 그리스도 안에서 우리의 바라는 것이 다만 이생 뿐이면 모든 사람 가운데 우리가 더욱 불쌍한 자리라

20 그러나 이제 그리스도께서 죽은 자 가운데서 다시 살아 잠자는 자들의 첫 열매가 되셨도다

21 사망이 사람으로 말미암았으니 죽은 자의 부활도 사람으로 말미암는도다

22 아담 안에서 모든 사람이 죽은 것 같이 그리스도 안에서 모든 사람이 삶을 얻으리라

23 그러나 각각 자기 차례대로 되리니 먼저는 첫 열매인 그리스도요 다음에는 그리스도 강림하실 때에 그에게 붙은 자요

24 그 후에는 나중이니 저가 모든 정사와 모든 권세와 능력을 멸하시고 나라를 아버지 하나님께 바칠 때라

예수님의 부활은 기독교 신앙의 핵심이며, 우리 소망의 근원입니

다. 고린도전서 15장은 이 진리를 강력하게 선포합니다. 만약 우리에게 예수님의 부활이 없다면, 우리의 믿음은 헛되고 우리는 여전히 죄 가운데 있을 것이라 말합니다. 예수님의 부활은 단순히 믿음의 한 부분이 아니라, 우리 신앙의 실제적이고 견고한 기초입니다.

예수님은 부활의 첫 열매로서 우리 부활의 확실한 증거가 되셨습니다. 아담으로 인해 모든 사람이 죽게 되었지만, 그리스도로 인해 모든 사람이 생명을 얻게 될 것입니다. 이는 확실한 약속이며 우리에게 놀라운 소망을 줍니다.

예수님의 부활은 또한 최종적인 승리를 보장합니다. 그분은 마지막 날에 모든 통치와 권세와 능력을 멸하시고 하나님의 완전한 통치를 이루실 것입니다. 이 소망은 단지 미래의 기대에 그치지 않고, 우리의 현재 삶에 의미와 목적을 부여합니다.

2. 제자들과 함께하신 예수님

부활하신 예수님은 즉시 승천하지 않으시고 40일 동안 지상에 머무셨습니다. 성경에는 부활하신 예수님이 나타나신 장면이 여러 번 나오지만, 여기서는 두 장면만 살펴보려고 합니다. 우리와 상당히 닮아 있는 베드로와 도마를 만나신 부분 말입니다.

그곳으로 찾아오시는 사랑

요한복음 21:3~17

3 시몬 베드로가 나는 물고기 잡으러 가노라 하매 저희가 우리도 함께 가겠다 하고 나가서 배에 올랐으나 이 밤에 아무 것도 잡지 못하였더니

4 날이 새어갈 때에 예수께서 바닷가에 서셨으나 제자들이 예수신줄 알지 못하는지라

5 예수께서 이르시되 얘들아 너희에게 고기가 있느냐 대답하되 없나이다

6 가라사대 그물을 배 오른편에 던지라 그리하면 얻으리라 하신대 이에 던졌더니 고기가 많아 그물을 들 수 없더라

7 예수의 사랑하시는 그 제자가 베드로에게 이르되 주시라 하니 시몬 베드로가 벗고 있다가 주라 하는 말을 듣고 겉옷을 두른 후에 바다로 뛰어 내리더라

8 다른 제자들은 육지에서 상거가 불과 한 오십 간쯤 되므로 작은 배를 타고 고기든 그물을 끌고 와서

9 육지에 올라보니 숯불이 있는데 그 위에 생선이 놓였고 떡도 있더라

10 예수께서 가라사대 지금 잡은 생선을 좀 가져오라 하신대

11 시몬 베드로가 올라가서 그물을 육지에 끌어 올리니 가득히 찬 큰 고기가 일백 쉰 세 마리라 이같이 많으나 그물이 찢어지지 아니하였더라

12 예수께서 가라사대 와서 조반을 먹으라 하시니 제자들이 주신

줄 아는 고로 당신이 누구냐 감히 묻는 자가 없더라

13 예수께서 가셔서 떡을 가져다가 저희에게 주시고 생선도 그와 같이 하시니라

14 이것은 예수께서 죽은자 가운데서 살아나신 후에 세 번째로 제자들에게 나타나신 것이라

15 저희가 조반 먹은 후에 예수께서 시몬 베드로에게 이르시되 요한의 아들 시몬아 네가 이 사람들보다 나를 더 사랑하느냐 하시니 가로되 주여 그러하외다 내가 주를 사랑하는줄 주께서 아시나이다 가라사대 내 어린 양을 먹이라 하시고

16 또 두번째 가라사대 요한의 아들 시몬아 네가 나를 사랑하느냐 하시니 가로되 주여 그러하외다 내가 주를 사랑하는줄 주께서 아시나이다 가라사대 내 양을 치라 하시고

17 세번째 가라사대 요한의 아들 시몬아 네가 나를 사랑하느냐 하시니 주께서 세번째 네가 나를 사랑하느냐 하시므로 베드로가 근심하여 가로되 주여 모든 것을 아시오매 내가 주를 사랑하는줄을 주께서 아시나이다 예수께서 가라사대 내 양을 먹이라

예수님이 돌아가신 후, 베드로는 깊은 절망에 빠졌습니다. 예수님을 세 번이나 부인했던 자책감과 예수님의 죽음을 목격한 충격으로 그는 모든 것을 포기한 채 이전의 자리로 되돌아갔습니다. 그는 다시 어부로 돌아가 밤새 그물을 던졌지만, 물고기 한 마리도 잡을 수 없었습니다. 그때 누군가가 배 오른편에 그물을 던지라고

조언했습니다. 그 말을 따라 던지자, 그물은 찢어질 듯 물고기로 가득 찼습니다. 그 순간 베드로는 그분이 예수님이심을 깨달았고, 바다에 뛰어들어 육지로 달려갔습니다.

달려가는 베드로의 마음속에는 수많은 생각이 스쳤을 겁니다. '예수님이 나를 보면 혼내실까? 실망했다고 말씀하실까?' '다시는 날 제자로 받아주시지 않을까?'. 그러나 육지에 도착한 베드로가 만난 것은 예상 밖의 광경이었습니다. 예수님은 생선과 떡을 구워 놓고 기다리고 계셨습니다. 그리고 다른 말씀은 하지 않으시고 음식을 권하셨습니다. 식사를 마치자 예수님은 말을 걸어오셨습니다. "네가 나를 사랑하냐" 물으시는데, 듣고 보니 그분이 먼저 걸어가신 "사명의 자리로 함께하자고 초대한다"는 말씀입니다. "내가 너를 사랑한다"는 말씀입니다.

이 장면은 저에게도 특별한 의미가 있습니다. 한때 저는 극도의 절망 속에서 모든 것을 포기하려 했었습니다. '뭐 열심히 믿어. 그냥 살던 대로 살자' 싶었습니다. 그래서 기도하다 "저 너무 힘들어요. 그냥 원래 살던 대로 살래요"라고 말했었습니다. 그때 주님께서 제 맘에 주셨던 말씀이 이 요한복음 21장이었습니다. "연임아, 괜찮아. 그 자리로 돌아가. 내가 거기로 갈게. 가서 떡도 구워주고 생선도 구워줄게. 거기서 만나"라고 말씀해주셨습니다. "넌 왜 더 못 참냐,

넌 왜 그것밖에 안 되냐?"라고 질책하거나 실망하지 않으셨습니다. 오히려 제가 돌아간 그 자리로 오셔서 저를 회복시켜 주셨습니다.

여러분이 낙심할 때마다 돌아갔던 자리는 어디였나요?
예수님은 그곳에 어떤 모습으로 찾아오셨나요?

있는 모습 그대로 받으시는 사랑

요한복음 20:24~29

24 열 두 제자 중에 하나인 디두모라 하는 도마는 예수 오셨을 때에 함께 있지 아니한지라

25 다른 제자들이 그에게 이르되 우리가 주를 보았노라 하니 도마가 가로되 내가 그 손의 못자국을 보며 내 손가락을 그 못자국에 넣으며 내 손을 그 옆구리에 넣어 보지 않고는 믿지 아니하겠노라 하니라

26 여드레를 지나서 제자들이 다시 집안에 있을 때에 도마도 함께 있고 문들이 닫혔는데 예수께서 오사 가운데 서서 가라사대 너희에게 평강이 있을찌어다 하시고

27 도마에게 이르시되 네 손가락을 이리 내밀어 내 손을 보고 네 손을 내밀어 내 옆구리에 넣어보라 그리하고 믿음 없는 자가 되지 말고 믿는 자가 되라

28 도마가 대답하여 가로되 나의 주시며 나의 하나님이시니이다

29 예수께서 가라사대 너는 나를 본 고로 믿느냐 보지못하고 믿는 자들은 복되도다 하시니라

예수님이 부활하신 후 제자들에게 나타나셨을 때, 도마는 그 자리에 없었습니다. 다른 제자들이 예수님을 만났다고 전했지만, 도마는 "직접 예수님 손의 못 자국을 보고 만져보기 전까지는 믿을 수 없다"라고 말했습니다.

8일 후, 예수님이 다시 제자들 앞에 나타나셨고 이번에는 도마도 함께 있었습니다. 예수님은 도마에게 "그냥 믿어, 보지 말고 따지지 말고 믿어"라고 하지 않으셨습니다. 대신 "네 손가락을 내밀어 내 손을 만져보고, 네 손을 내밀어 내 옆구리에 넣어보아라"라며 자신의 상처를 직접 확인해 보도록 하셨습니다.

예수님은 도마의 의심을 꾸짖지 않으셨습니다. 오히려 그의 믿음 수준에 맞춰 기회를 주셨고, 도마를 더 강한 믿음으로 이끌어 주셨습니다. 이후 예수님은 "너는 나를 보고 믿느냐? 보지 않고 믿는 자들은 복되도다"라고 말씀하셨습니다. 예수님은 도마의 의심을 수용하시고, 그를 통해 보지 않고도 믿는 자들에게 주시는 복을 선언하셨습니다.

이 장면은 우리의 삶에도 큰 위로를 줍니다. 우리의 의심과 질문, 연약함마저도 받아주시고 그 안에서 믿음을 더해 주시는 예수님이 계시기 때문입니다.

3. 승천하신 예수님

사도행전 1:3~9

3 해 받으신 후에 또한 저희에게 확실한 많은 증거로 친히 사심을 나타내사 사십 일 동안 저희에게 보이시며 하나님 나라의 일을 말씀하시니라

4 사도와 같이 모이사 저희에게 분부하여 가라사대 예루살렘을 떠나지 말고 내게 들은바 아버지의 약속하신 것을 기다리라

5 요한은 물로 세례를 베풀었으나 너희는 몇 날이 못되어 성령으로 세례를 받으리라 하셨느니라

6 저희가 모였을 때에 예수께 묻자와 가로되 주께서 이스라엘 나라를 회복하심이 이 때니이까 하니

7 가라사대 때와 기한은 아버지께서 자기의 권한에 두셨으니 너희의 알바 아니요

8 오직 성령이 너희에게 임하시면 너희가 권능을 받고 예루살렘과 온 유대와 사마리아와 땅 끝까지 이르러 내 증인이 되리라 하시니라

9 이 말씀을 마치시고 저희 보는데서 올리워 가시니 구름이 저를 가리워 보이지 않게 하더라

예수님은 부활 후 40일 동안 제자들에게 나타나서서 자신의 부활을 확실히 증거하셨습니다. 이 기간 동안 예수님은 하나님 나라의

일을 가르치시며, 제자들에게 사명을 주셨습니다. 부활하신 예수님의 모습은 이 세상 그 누구보다 권위 있고 위엄 있는 모습이었을 것입니다. 메시지를 전하는 사람의 신뢰도는 메시지의 가치를 더해 줍니다. 그렇기에 부활하신 예수님의 말씀은 그 어느 때보다도 무게감 있게 다가왔을 것입니다.

그러나 제자들의 관심은 여전히 자신들의 필요와 소망에 머물러 있었습니다. 예수님이 부활의 영광 가운데 '하나님 나라'를 말씀하셨음에도, 그들은 '이스라엘 나라' 즉 '내 나라'의 회복에 관해 물었습니다. 제자들은 예수님이 가르치신 내용보다 자신들의 현실적인 관심사에 집중하고 있었습니다.

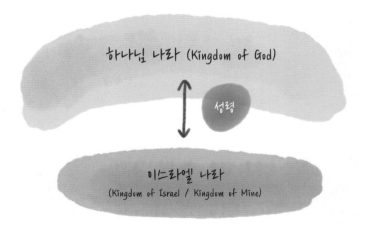

이는 우리의 모습과도 닮았습니다. 우리 역시 하나님의 크신 계획과 뜻을 보지 못하고, 당장 필요한 문제들에만 몰두할 때가 많습니다. 이런 우리의 한계를 아시는 예수님은 성령을 약속하셨습니다.

성령은 우리가 하나님 나라를 더 깊이 이해하고, 그 나라를 위해 살아갈 수 있도록 도와주시는 분이십니다. 예수님은 성령이 임하시면 권능을 받아 예수님의 증인이 될 것이라 말씀하셨습니다. 제자들에게 하신 이 약속은 오늘날 우리에게도 동일하게 주어진 약속입니다. 성령의 인도하심과 동행하심을 구할 때, 우리는 이 땅에서 하나님 나라를 경험하며 살아갈 수 있습니다.

예수님의 승천은 끝이 아닌 새로운 시작이었습니다. 그분이 약속하신 성령을 통해 우리는 하나님 나라를 더 깊이 이해할 뿐만 아니라, 그 나라를 위해 살아가는 사명을 감당할 수 있습니다. 성령의 도우심으로, 우리의 삶이 하나님 나라의 증거가 될 수 있습니다.

"
신앙생활 중 의문이 생길 때, 어떻게 해야 할까요?
"

신앙생활을 하다 보면 하나님이나 신앙에 대해 의문이 생길 때가 있습니다. 하지만 이런 의문을 가지는 것이 마치 신앙심이 부족한 것처럼 느껴져 스스로를 책망하거나 불편해하는 분들도 있습니다. 그럴 때 우리는 어떻게 해야 할까요?

우선, 의문은 두 가지 주요 유형으로 나눌 수 있습니다.

첫째, 진심으로 이해하고 싶어서 하는 의문입니다. 이러한 의문은 믿음의 여정에서 매우 자연스럽고 긍정적인 부분입니다. 하나님을 더 깊이 알고 싶고, 신앙을 더 굳건히 하고 싶어하는 마음에서 비롯된 질문을 하는 것은 하나님께 나아가는 중요한 과정이 될 수 있습니다. 이런 의문은 신앙을 약화시키기보다 오히려 믿음을 더 깊게 하고 하나님과의 관계를 풍성하게 만듭니다.

둘째, 논쟁이나 반박을 위해 제기되는 의문입니다. 이 경우, 질문의 목적이 진정한 이해나 대화가 아니라 논쟁을 통해 분란을 일으키려는 데있을 수 있습니다. 특히 하나님의 존재 자체를 부정하려는 사람들과의논쟁은 종종 생산적인 결과를 낳지 못합니다. 이는 하나님을 과학적 실험이나 논리적 증명의 대상으로 삼으려는 태도 때문입니다.

성경이 말하는 "의심하지 말라"는 말씀은 하나님을 거부하거나 불신하는 태도를 경계하는 것이지, 진리를 찾고자 하는 진실한 질문을 금지하는 것이 아닙니다. 중요한 것은 질문의 동기와 태도입니다. 하나님을 알고자 하는 순수한 마음에서 나오는 의문은 신앙의 여정을 더욱 견고히하는 계기가 될 수 있습니다. 의문을 통해 우리는 하나님이 누구신지, 그분의 말씀과 뜻이 무엇인지 더 깊이 깨달을 수 있습니다. 성경에서도많은 인물이 하나님께 질문을 던지고, 심지어 하나님과 씨름하며 믿음을 성장시켰습니다. 의문은 우리가 하나님과 더 친밀한 관계를 맺도록돕는 중요한 도구가 될 수 있습니다.

그러니 의문이 생길 때 두려워하지 마세요. 오히려 하나님께 그 질문을 솔직히 드리며 대화의 기회로 삼아 보세요. 또한, 신뢰할 만한 믿음의 동역자나 지도자와 함께 의문을 나누는 것도 큰 도움이 될 수있습니다.

Abby's Question

" 여러분은 얼마나 예수님 닮은

그리스도인이 되고 싶으신가요? **"**

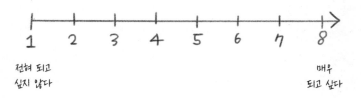

전혀 되고   매우
싶지 않다   되고 싶다

Part 2를 마친 소감

공동연구진 에필로그

아이가 태어나고 커피 한잔 마시러 갈 수 없는 상황을 마주하면서 '이건 창살 없는 감옥과 같구나'하고 생각한 적이 있었습니다. 아이들의 수가 늘어나고 자라면서 기쁨도 많았지만 돈과 시간과 에너지의 제약이 더욱 커지는 것, 노화되어가는 몸을 받아들이는 것 역시 쉽지 않았습니다. 여정 시즌 2의 내용을 함께 연구하면서 하나님이신 예수님이 이 땅에 오셔서 '제약'을 기꺼이 선택하시고, 그 몸으로 나병환자를 만지시고, 사람들과 함께 식사하시고, 배신하여 도망간 제자들에게 물고기를 구워주시는 모습이 얼마나 큰 힘과 위로가 되었는지 모르겠습니다.

시즌 1에서 하나님의 속성과 본심을 알게 되었다면, 시즌 2에서는 이 땅에서 어떻게 살아가야 하는가를 예수님을 통해 볼 수 있었습니다. 살아가다가 방향을 잃었다고 생각될 때, 사람들에게 실망할 때, 아픔을 경험할 때, 기쁘고 축하받고 싶을 때, 우리가 믿는 도리의 사도이시며 대제사장이신 예수님을 더욱 깊이 생각하고 싶습니다. 예수님이 계셔서 정말 다행입니다. 이 길을 함께 걸으며 예수님을 깊이 생각하고 싶은 분들을 시즌 2로 초대합니다.

— 진로와소명연구소 정은진 소장

예수님... 나를 위해 이 땅에 오셨다 하고, 나를 위해 죽으셨다 하고, 또 나를 위해 부활하셨다는 분. '대체 왜?'라는 의문이 이따금 들었고, 어릴 때부터 수없이 들었던 그분의 이야기는 마치 저 멀리 손잡을 수 없는 곳에 있는 위인들의 인생 한 꼭지처럼 읽히기도 했습니다.

여정 시즌2를 통해 만난 예수님은 그보다 훨씬 가까이 계셨습니다. 아니, 바로 옆에서 너무 따스하게 "상은아~" 하고 부르고 계셨지요. 마치 혈루병을 앓던 여인에게 "딸아~"하고 부르셨던 것처럼요.

전지전능하고 무소부재한 왕이 자기 백성을 위해 굳이 스스로 제약을 선택하셔서 인간의 몸을 입으신 분, 친히 시험받으러 가신 분, 병들고 아픈 자들을 부정하다 하지 않으시고 살뜰하게 만지시고 치료하신 분, 고난을 뛰어넘지 않으시고 그대로 다 받으신 분, 죽으시고 부활하신 분, 낙심하고 부끄러운 제자들을 정죄하지 않으시고 사랑으로 부르신 분. 이 글을 다시 쓰는 지금 이 순간에도 그분이 보이신 삶이, 그분이 보이신 사랑이 온 맘으로 느껴집니다.

이제 저에게 예수님은 2천 년 전에 잠시 세상에 왔다 간 위인이 아닙니다. 여전히 살아계셔서 나와 함께 하시며 나와 사람들을 세

밀하게 살피시는 분입니다. 이 책과 더불어 생각보다 아주 가까이 계셔서 사랑으로 부르시는 예수님과 진하게 함께하는 시간이 되기를 바랍니다.

— 숭실대학교 남상은 교수

여정 시즌 2 모임을 하며, 이 책을 읽고 읽으며 계속 떠오른 단어는 '왜?'였습니다. 챕터 1인 예수님의 탄생부터 마지막 챕터 부활에 이르기까지 '예수님은 왜 그러셨던 걸까?'라는 질문을 던지며 읽었습니다. 그리고는 책을 덮으며 그 사랑 앞에 엎드려 울 수밖에 없었습니다. 시즌 2는 너무도 명확한 예수님의 사랑이 내 삶으로 찾아오는 시간이었습니다. 예수님의 그 '사랑'의 선택이 지금, 오늘의 나를 살게 한다는 명확한 믿음을 다시 확인하는 시간이었습니다.

여정 시즌 2는 '한 걸음 더' 예수님께 가까이 가게 하는 책이자, '한 걸음 더' 세상에 나갈 용기를 주는 책이었습니다. 예수님께 더 가까이 갈 수 있기에, 그 사랑과 믿음을 갖고 세상으로 나아갈 수 있습니다. 예수님의 깊은 사랑을 온전히 알고, 그 사랑을 가슴에 가득 안고 세상으로 나가고 싶은 여러분과 이 책으로 만나고 싶습니다!

— 한국부모교육연구소 김지연 연구원

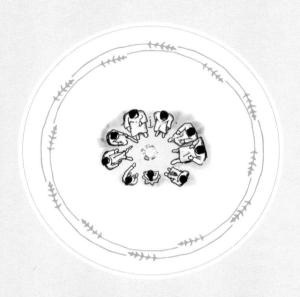

자기 사람들을 사랑하시되
끝까지 사랑하시니라 (요 13:1)

여정 Season 2. 예수님

초판 1쇄 발행	2024년 12월 25일
지은이	이연임
기획	정강욱 이연임
편집	백예인
디자인	김형진
출판	리얼러닝
주소	서울시 마포구 어울마당로1길 18, 2층
전화	02-337-0333
이메일	withreallearning@gmail.com
출판등록	제 406-2020-000085호
ISBN	979-11-988408-4-4